KB232915

MP3파일
다운로드
www.jncbms.co.kr
STEP 1
유상용
조혜숙
알기쉽고 재미있는 쏙쏙 일본어 교실 Step 1
개정판
알기쉽고 재미있는 쏙쏙
일본어 교실
제이앤씨
Publishing Company

머리말

　매스 미디어, 인터넷 등의 발달로 우리는 일본에 관련된 무한한 정보의 홍수 속에서 살아가고 있습니다. 무한한 정보 중에서 자신에게 유용한 정보를 선별하고 활용하는 것이 가장 중요하다는 것은 말할 필요도 없을 것입니다. 일본에 관한 정확한 정보를 수집하고 이를 재빠르게 활용하기 위한 가장 좋은 방법은 일본어를 습득하는 것이라 할 수 있습니다.

　잘 알려져 있는 바와 같이 일본어는 한국어와 어순이 동일하고 같은 한자문화권에 속하는 언어이기 때문에 한국인이 습득하기 쉬운 외국어입니다. 하지만, 이러한 사실은 일본어 학습에 있어서 장애요인이 되기도 합니다. 예를 들면, 일본어는 쉽게 습득할 수 있는 외국어라는 생각에서 2-3개월 안에 기초회화와 문법을 마스터하겠다는 무리한 계획을 세운다거나, 한자교육이 축소된 중·고등교육과정을 이수한 학습자가 한자습득을 소홀히 하여 중도에 포기하는 경우를 많이 보아 왔습니다. 따라서 일본어를 마스터하기 위해서는 다른 외국어와 같이 충분한 학습시간과 노력을 아끼지 말아야 할 것입니다.

　이에 6개월에서 1년 안에 기초회화와 문법을 마스터할 것을 목표로 이 책을 구성하였습니다. 각 과마다 기본회화에서는 구체적인 장면을 설정하여 초급에서 알아야 할 생활회화구문을 제시하였으며, 문형연습에서는 중요 문형을 어떻게 응용할 수 있는지 그 예를 들어 두었습니다. 문법설명에서는 기본회화와 문형연습에서 다룬 일본어 구문에 관한 기초문법을 설명하였으며, 일본어 구문과 기초문법에 관한 학습 정도를 점검할 수 있도록 연습문제를 실었습니다. 또한 각 과마다 새롭게 나오는 단어는 기본회화, 문형연습, 문법설명 아래 부분에 정리해 두었고 쉬어가기 코너에서는 초급에서 반드시 습득해야 할 단어를 테마별로 제시해 두었습니다.

　이 책에서 다루는 문형 및 단어들은 모두 일본어 능력시험 N4, N5에 해당하는 수준입니다. 기초회화와 문법을 마스터하고자 하는 학습자는 물론이며 능력시험을 준비하려고 하는 학습자에게도 이 책은 큰 도움이 되리라 생각합니다. 아무쪼록 이 책과 함께 즐거운 일본어 학습을 할 수 있게 되기를 바랍니다.

　마지막으로 바쁘신 가운데서도 많은 조언을 아끼지 않으신 울산과학대 이연주교수님, 또한 번거로운 교정작업을 도와준 단국대학교 대학원 손진희님, 자료정리를 도와준 최원영, 김은경씨에게 감사의 인사를 전합니다.

저자

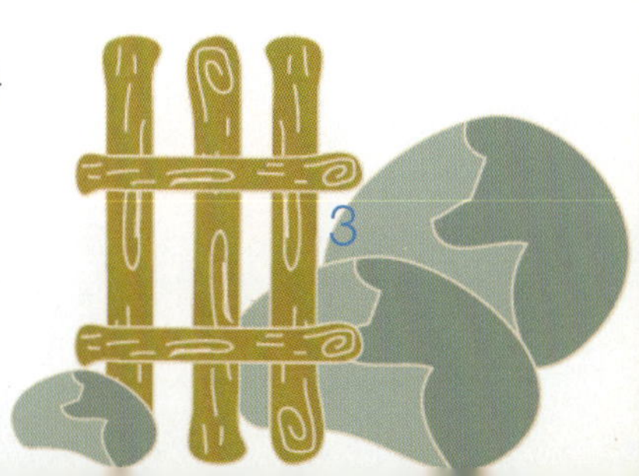

목 차

일본어의 문자와 발음 1

일본어의 문자

일본어의 문자는 크게 한자(漢字), 히라가나(ひらがな・平仮名), 가타카나(カタカナ・片仮名)로 나눌 수 있다.

1 한자(漢字)

일본 역시 한자문화권이기 때문에 현재 일본에서 쓰이는 가나(かな・仮名)가 정착하기 이전에는 한자를 기록의 수단으로 사용하였다. 현재 일본에서는 상용한자(常用漢字) 1,945자와 교육한자(教育漢字) 1,006자를 교육하고 있다.

한국인 일본어 학습자가 일본어를 학습할 때 가장 어려워하는 것이 한자이다. 그 이유는 한국과 일본은 사용하고 있는 한자의 자형이 다르기 때문이다. 즉, 일본어는 약자(略字)를 사용하고 있는 것에 비해 우리말은 정자(正字)를 사용하고 있다. 또한 일본어의 한자는 읽는 방법이 여러 가지가 있어 외국인 학습자가 일본의 한자를 학습하는데 어려움이 많다.

2 かな(仮名・가나)

일본어의 가나(かな・仮名)는 히라가나(ひらがな・平仮名), 가타카나(カタカナ・片仮名)로 나눌 수 있다. 일본어를 표기할 때에는 일반적으로 히라가나(ひらがな・平仮名)와 한자를 혼용하여 표기하고, 가타카나(カタカナ・片仮名)는 외래어나 강조하는 경우에 사용한다.

일본어의 경우 5개의 모음과 10개의 자음이 결합하여 문자를 이루며, 우리말은 「가(Ga)」를 「ㄱ+ㅏ」로 분리할 수 있는 문자인 것에 비해 일본어는 분리할 수 없는 완성된 하나의 문자라고 할 수 있다.

일본어의 모음은 기본모음 「あ(아)・い(이)・う(우)・え(에)・お(오)」 5개와 반모음(이중모음) 「や(야)・ゆ(유)・よ(요)」 3개가 있다.

→단 段 ↓행 行	**あ** (a)	**い** (i)	**う** (u)	**え** (e)	**お** (o)
あ (a)	あ ア [a]	い イ [i]	う ウ [u]	え エ [e]	お オ [o]
か (k)	か カ [ka]	き キ [ki]	く ク [ku]	け ケ [ke]	こ コ [ko]
さ (s)	さ サ [sa]	し シ [shi]	す ス [su]	せ セ [se]	そ ソ [so]
た (t)	た タ [ta]	ち チ [chi]	つ ツ [tsu]	て テ [te]	と ト [to]
な (n)	な ナ [na]	に ニ [ni]	ぬ ヌ [nu]	ね ネ [ne]	の ノ [no]
は (h)	は ハ [ha]	ひ ヒ [hi]	ふ フ [fu]	へ ヘ [he]	ほ ホ [ho]
ま (m)	ま マ [ma]	み ミ [mi]	む ム [mu]	め メ [me]	も モ [mo]
や (y)	や ヤ [ya]		ゆ ユ [yu]		よ ヨ [yo]
ら (r)	ら ラ [ra]	り リ [ri]	る ル [ru]	れ レ [re]	ろ ロ [ro]
わ (w)	わ ワ [wa]	(ゐ) (ヰ) [wi]		(ゑ) (ヱ) [we]	を ヲ [o]
	ん ン [n]				

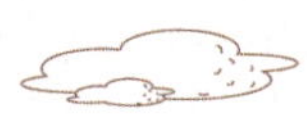

あ 행

일본어의 기본모음은 아래의 「あ・い・う・え・お」가 있으며, 발음은 우리말의 '아・이・우・에・오'와 유사하게 발음된다.

あ	い	う	え	お
ア	イ	ウ	エ	オ
a	i	u	e	o

일본어의 「う」는 우리말의 '우'와 '으'의 중간발음이다. 따라서 우리말의 '우'와 같이 입술을 동그랗게 내밀면서 발음할 필요가 없다.

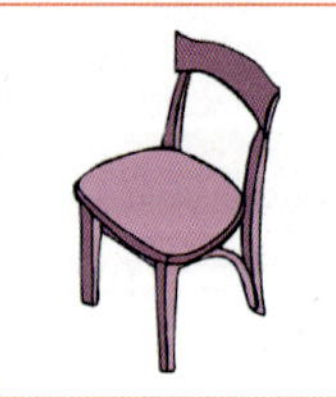

あい : 愛 : 사랑	**いす** : 椅子 : 의자	**うま** : 馬 : 말	**え** : 絵 : 그림	**おに** : 鬼 : 도깨비
love	chair	horse	picture	monster

 **か** 행

か행은 자음 [K]와 기본모음 [a] [i] [u] [e] [o]의 결합이다. 즉, か는 [k+a]로 분해할 수 있다.

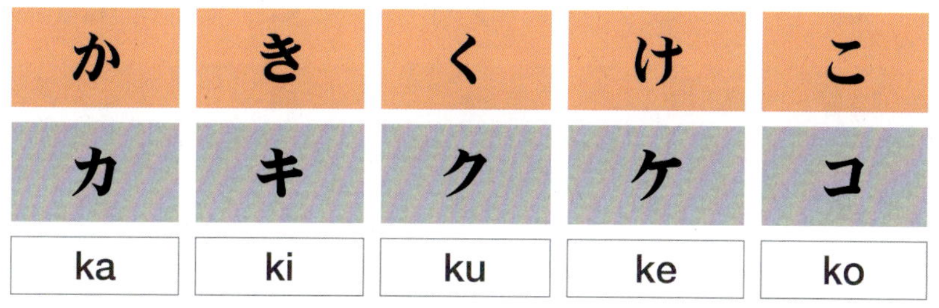

か	き	く	け	こ
カ	キ	ク	ケ	コ
ka	ki	ku	ke	ko

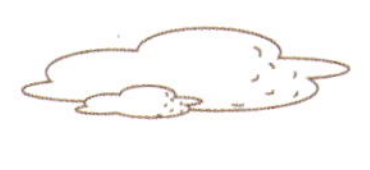

 か행의 발음은 우리말의 'ㅋ'와 'ㄲ'의 중간발음이다. 어중이나 어말에 か행이 오는 경우에는 'ㄲ'에 가깝게 발음된다.

かわ：川：강	**きく**：菊：국화	**くも**：雲：구름	**ケーキ**：케이크	**こめ**：米：쌀
river	chrysanthemum	cloud	cake	rice

さ행은 자음 [s]와 기본모음의 결합이다. 즉, さ는 [s+a]로 분해할 수 있다.

さ	し	す	せ	そ
サ	シ	ス	セ	ソ
sa	shi	su	se	so

さ행의 발음은 우리말의 '사・시・스・세・소'와 비슷하다. 「す」의 경우에는 '수'로 발음되지 않도록 주의해야 한다.

さら : 皿 : 접시	しま : 島 : 섬	すし : 寿司 : 초밥	せき : 席 : 좌석	そら : 空 : 하늘
plate / dish	island	sushi	seat	sky

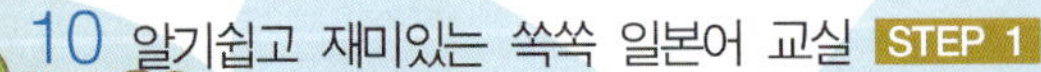

 **た** 행

た행은 자음 [T]와 기본모음의 결합이다. 즉, たは [t+a]로 분해할 수 있다.

た	ち	つ	て	と
タ	チ	ツ	テ	ト
ta	chi	tsu	te	to

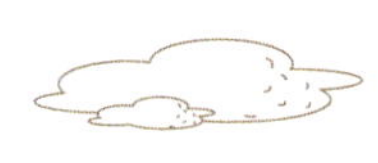

 た행의 발음 중 주의할 것은 「ち」와 「つ」이다. 「ち」는 '티'로 발음하지 말고 '치'에 가깝게 발음한다는 것이다. 「つ」는 우리말의 '츠'와 '쯔'의 중간발음이다.

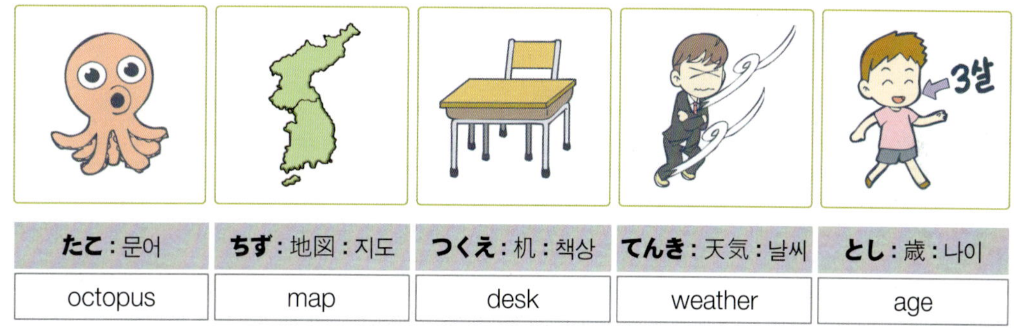

たこ : 문어	**ちず** : 地図 : 지도	**つくえ** : 机 : 책상	**てんき** : 天気 : 날씨	**とし** : 歳 : 나이
octopus	map	desk	weather	age

 **な** 행

な행은 자음 [N]과 기본모음의 결합이다. 즉, な는 [n+a]로 분해할 수 있다.

な	に	ぬ	ね	の
ナ	ニ	ヌ	ネ	ノ
na	ni	nu	ne	no

なす：茄子：가지	**にわ**：庭：정원	**いぬ**：犬：개	**ねこ**：猫：고양이	**のり**：海苔：김
eggplant	garden	dog	cat	laver

 **は** 행

は행은 자음 [H]와 기본모음의 결합이다. 즉, は는 [h+a]로 분해할 수 있다.

は	ひ	ふ	へ	ほ
ハ	ヒ	フ	ヘ	ホ
ha	hi	fu	he	ho

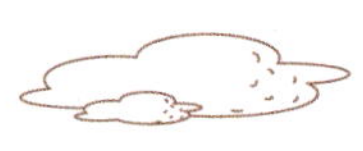

 は행의 경우 주의해야 할 것은 「は」와 「へ」의 발음이다. 「は」와 「へ」가 단어의 구성요소로 사용되는 경우에는 '하[ha]'와 '헤[he]'로 발음하지만, 「は」가 '~은/는'이라는 의미의 조사로 사용되는 경우는 「は」로 표기하고 '와[wa]'로 읽으며, 「へ」가 '~에'라는 방향을 나타내는 조사로 쓰이는 경우는 「へ」로 표기하고 '에[e]'로 발음한다.

			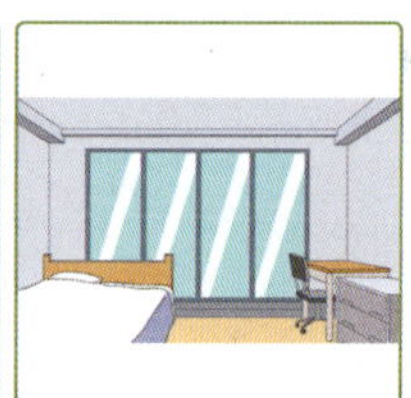	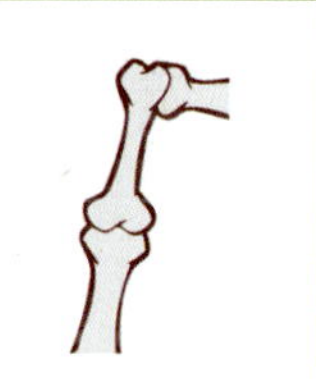
はは：母：엄마	**ひふ**：皮膚：피부	**ふね**：船：배	**へや**：部屋：방	**ほね**：骨：뼈
mother	skin	ship / boat	room	bone

 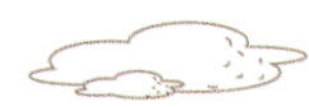

ま 행

ま행은 자음 [M]과 기본모음의 결합이다. 즉, ま는 [m+a]로 분해할 수 있다.

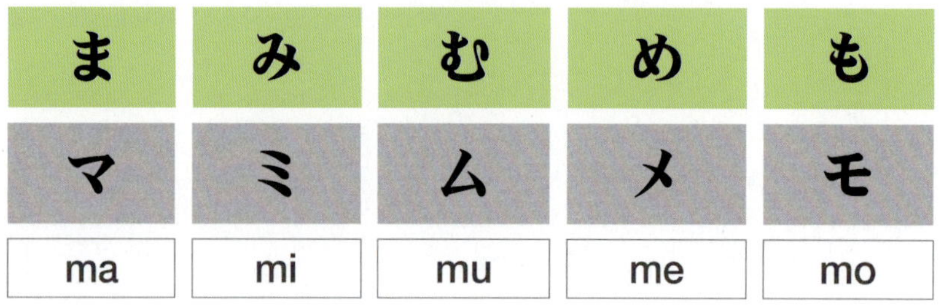

ま	み	む	め	も
マ	ミ	ム	メ	モ
ma	mi	mu	me	mo

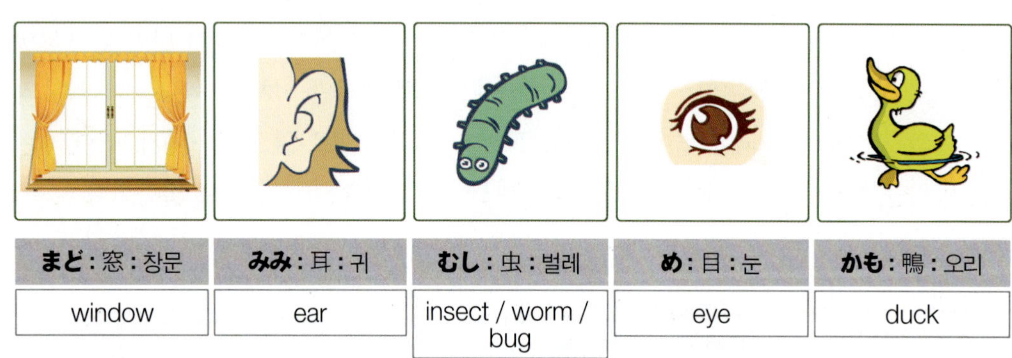

まど:窓:창문	**みみ**:耳:귀	**むし**:虫:벌레	**め**:目:눈	**かも**:鴨:오리
window	ear	insect / worm / bug	eye	duck

 **や** 행

일본어의 や행은 이중모음 혹은 반모음이라고 하는데「や・ゆ・よ」세 가지가 있으며
우리말의 '야・유・요'와 비슷하게 발음한다.

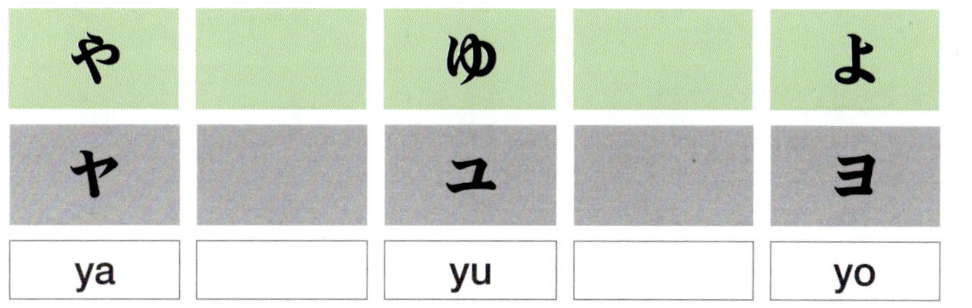

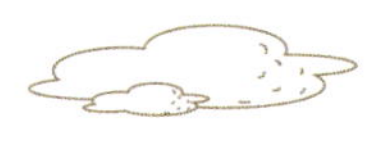

や		ゆ		よ
ヤ		ユ		ヨ
ya		yu		yo

やま：山：산

mountain

ゆき：雪：눈

snow

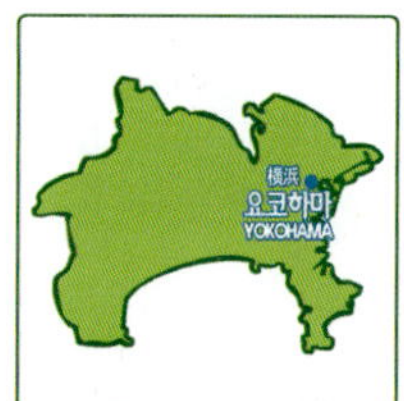

よこはま：横浜：
요코하마

Yokohama

ら 행

ら행은 자음 [R]과 기본모음의 결합이다. 즉, ら는 [r+a]로 분해할 수 있다.

ら	り	る	れ	ろ
ラ	リ	ル	レ	ロ
ra	ri	ru	re	ro

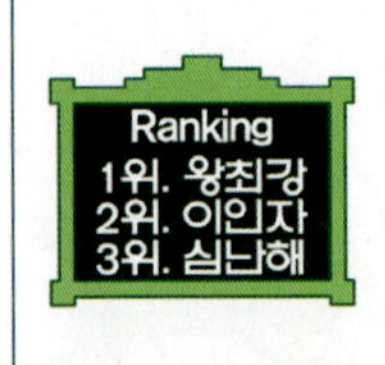		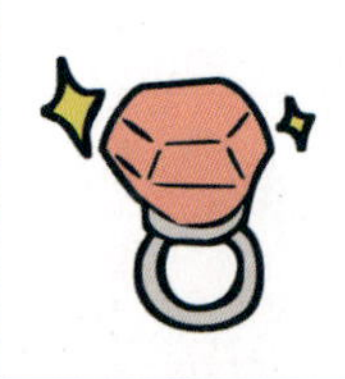		
ランキング : 랭킹	**りんご** : 林檎 : 사과	**ルビー** : 루비	**レモン** : 레몬	**ロンドン** : 런던
ranking	apple	ruby	lemon	London

 **행**

わ행의 わ는 [w+a]로 분해할 수 있으며, 우리말의 '와'와 비슷하게 발음한다.

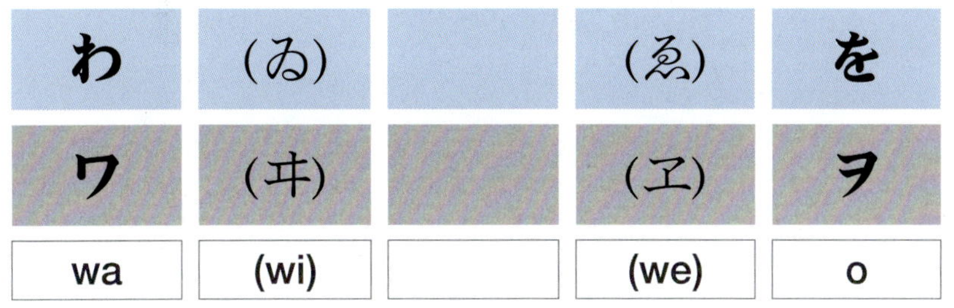

わ	(ゐ)		(ゑ)	を
ワ	(ヰ)		(ヱ)	ヲ
wa	(wi)		(we)	o

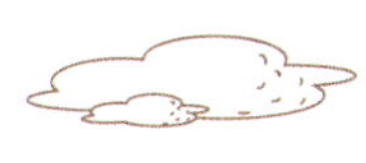

 「を」는 오로지 '~을/를'에 해당하는 목적격 조사로만 쓰인다. 따라서 단어의 구성요소가 될 수 없다.

わに : 鰐 : 악어

crocodile

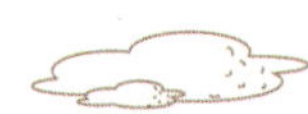

ん
ン

n	m	ng	N

 「ん」은 우리말의 받침에 해당하는 것으로 어두에 나타나지 않는다.

わんちゃん : 강아지

puppy

chapter 02

일본어의 문자와 발음 2

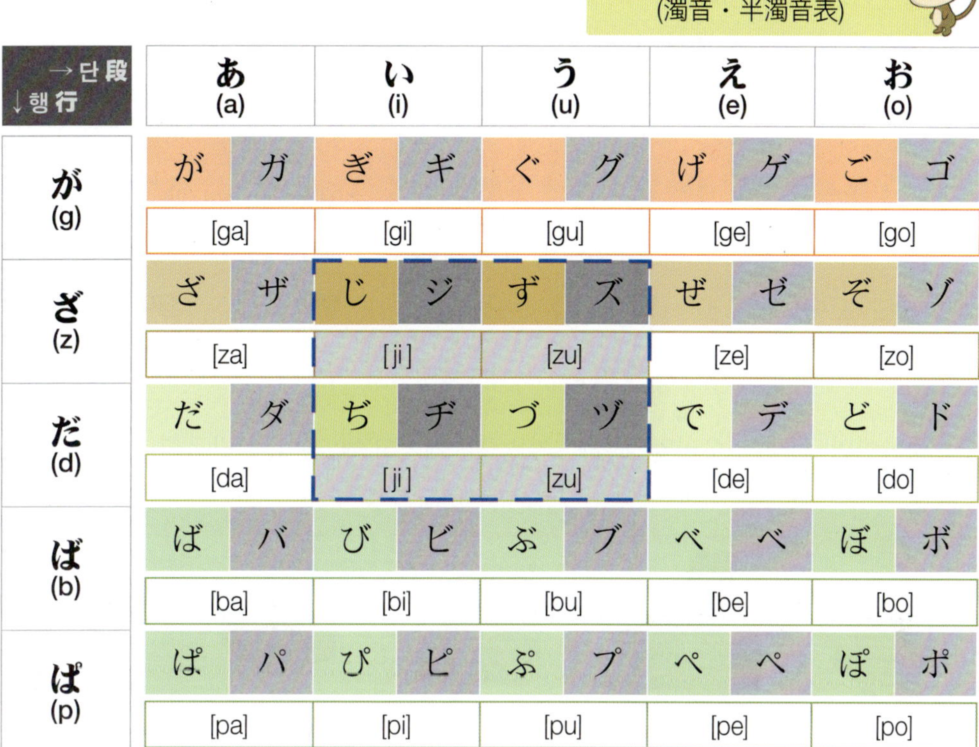

탁음·반탁음표
(濁音·半濁音表)

→단 段 ↓행 行	**あ** (a)		**い** (i)		**う** (u)		**え** (e)		**お** (o)	
が (g)	が	ガ	ぎ	ギ	ぐ	グ	げ	ゲ	ご	ゴ
	[ga]		[gi]		[gu]		[ge]		[go]	
ざ (z)	ざ	ザ	じ	ジ	ず	ズ	ぜ	ゼ	ぞ	ゾ
	[za]		[ji]		[zu]		[ze]		[zo]	
だ (d)	だ	ダ	ぢ	ヂ	づ	ヅ	で	デ	ど	ド
	[da]		[ji]		[zu]		[de]		[do]	
ば (b)	ば	バ	び	ビ	ぶ	ブ	べ	ベ	ぼ	ボ
	[ba]		[bi]		[bu]		[be]		[bo]	
ぱ (p)	ぱ	パ	ぴ	ピ	ぷ	プ	ぺ	ペ	ぽ	ポ
	[pa]		[pi]		[pu]		[pe]		[po]	

[탁음(濁音)]

일본어의 탁음은 「が행·ざ행·だ행·ば행」에 나타난다.

 **が** 행

が행은 자음 [G]와 기본모음의 결합이다. 즉, が는 [g+a]로 분해할 수 있다.

が	ぎ	ぐ	げ	ご
ガ	ギ	グ	ゲ	ゴ
ga	gi	gu	ge	go

 일본어의 が행은 우리말의 '가·기·구·게·고'에 가깝게 발음된다.

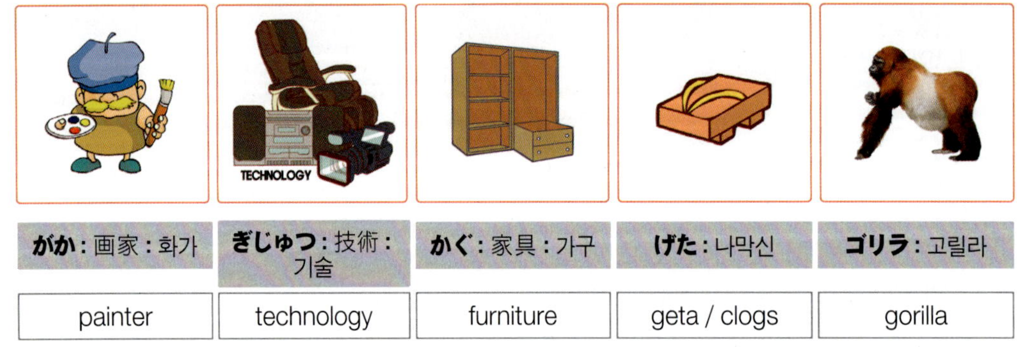

がか : 画家 : 화가	ぎじゅつ : 技術 : 기술	かぐ : 家具 : 가구	げた : 나막신	ゴリラ : 고릴라
painter	technology	furniture	geta / clogs	gorilla

 **ざ** 행

ざ행은 자음 [z]와 기본모음의 결합이다. 즉, ざ는 [z+a]로 분해할 수 있다.

ざ	じ	ず	ぜ	ぞ
ザ	ジ	ズ	ゼ	ゾ
za	ji	zu	ze	zo

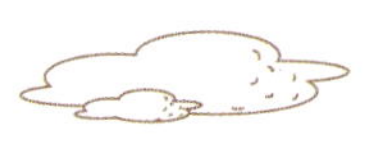

「ざ」와 「ぞ」는 '자[za]'와 '조[zo]'로 발음한다. '쟈[zya]'와 '죠[zyo]'가 되지 않도록 주의해야 한다.

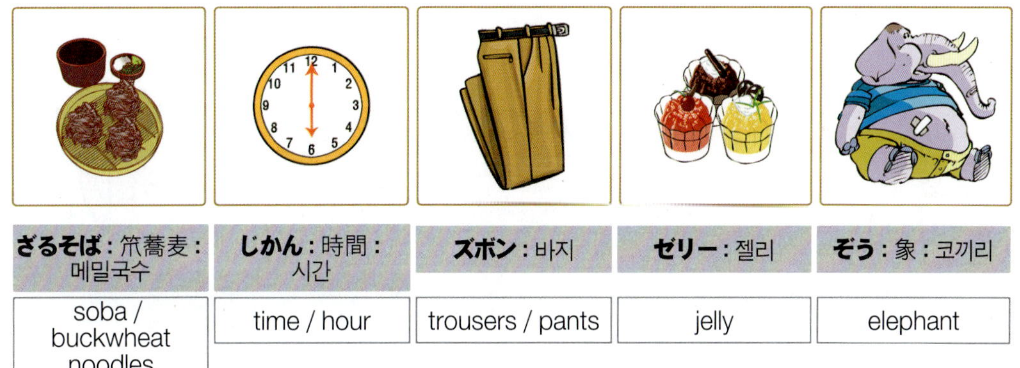

ざるそば：笊蕎麦： 메밀국수	**じかん**：時間： 시간	**ズボン**：바지	**ゼリー**：젤리	**ぞう**：象：코끼리
soba / buckwheat noodles	time / hour	trousers / pants	jelly	elephant

  행

だ행은 자음 [D]와 기본모음의 결합이다. 즉, だ는 [d+a]로 분해할 수 있다.

だ ダ	ぢ ヂ	づ ヅ	で デ	ど ド
da	ji	zu	de	do

「ぢ」「づ」는 「ち」[chi], 「つ」[tsu]가 탁음화 된 것이기 때문에 '지[ji]'와 '즈[zu]'로 발음된다. 따라서 「じ」[ji]와 「ず」[zu]의 발음과 혼동이 초래되므로 특수한 경우를 제외하고는 「ぢ」「づ」를 사용하지 않는다.

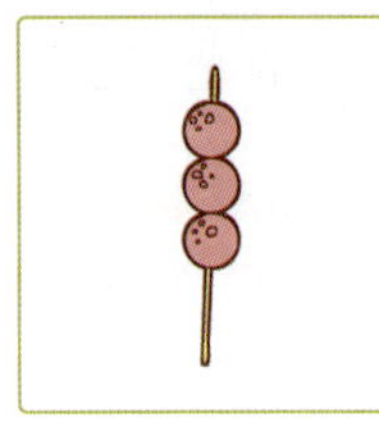    

だんご : 団子 : 경단	**はなぢ** : 鼻血 : 코피	**つづき** : 続き : 계속	**でんき** : 電気 : 전기	**どうぐ** : 道具 : 도구
sticky rice ball	nosebleed	continue	electricity	tool

 **ば** 행

ば행은 자음 [B]와 기본모음의 결합이다. 즉, ば는 [b+a]로 분해할 수 있다.

ば	び	ぶ	べ	ぼ
バ	ビ	ブ	ベ	ボ
ba	bi	bu	be	bo

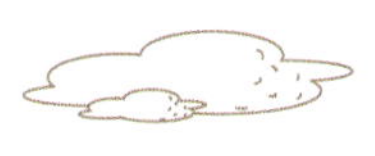

일본어의 ば행은 우리말의 '바·비·부·베·보'와 비슷하게 발음한다.

バナナ : 바나나	**かびん** : 花瓶 : 화병	**ぶた** : 豚 : 돼지	**べにいろ** : 紅色 : 주홍색	**ぼたん** : 牡丹 : 모란
banana	vase	pig	scarlet	peony

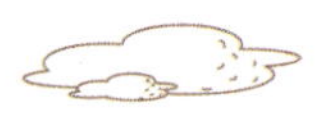

[반탁음(半濁音)]

일본어의 반탁음은 'ぱ행(ぱ・ぴ・ぷ・ぺ・ぽ)'만이 존재한다.

 ぱ행

ぱ	ぴ	ぷ	ぺ	ぽ
パ	ピ	プ	ペ	ぽ
pa	pi	pu	pe	po

ぱ행의 발음은 어두에서는 '파・피・프・페・포'로 발음하고, 어중이나 어말에 올 때에는 우리말의 '빠・삐・쁘・뻬・뽀'에 가깝게 발음한다.

いっぱい : 가득	ピアノ : 피아노	プリンス : 왕자	ペン : 펜	ポニー : 조랑말
full	piano	prince	pen	pony

	や (ya)		ゆ (yu)		よ (yo)	
か (k)	きゃ	キャ	きゅ	キュ	きょ	キョ
	[kya]		[kyu]		[kyo]	
が (g)	ぎゃ	ギャ	ぎゅ	ギュ	ぎょ	ギョ
	[gya]		[gyu]		[gyo]	
さ (s)	しゃ	シャ	しゅ	シュ	しょ	ショ
	[sya]		[syu]		[syo]	
ざ (z)	じゃ	ジャ	じゅ	ジュ	じょ	ジョ
	[ja]		[ju]		[jo]	
た (t)	ちゃ	チャ	ちゅ	チュ	ちょ	チョ
	[cha]		[chu]		[cho]	
な (n)	にゃ	ニャ	にゅ	ニュ	にょ	ニョ
	[nya]		[nyu]		[nyo]	
は (h)	ひゃ	ヒャ	ひゅ	ヒュ	ひょ	ヒョ
	[hya]		[hyu]		[hyo]	
ば (b)	びゃ	ビャ	びゅ	ビュ	びょ	ビョ
	[bya]		[byu]		[byo]	
ぱ (p)	ぴゃ	ピャ	ぴゅ	ピュ	ぴょ	ピョ
	[pya]		[pyu]		[pyo]	
ま (m)	みゃ	ミャ	みゅ	ミュ	みょ	ミョ
	[mya]		[myu]		[myo]	
ら (r)	りゃ	リャ	りゅ	リュ	りょ	リョ
	[rya]		[ryu]		[ryo]	

[요음(拗音)]

요음은 「き・ぎ・し・じ・ち・に・ひ・び・ぴ・み・り」와 작은 크기의 「ゃ・ゅ・ょ」
가 결합한 문자를 말한다. 이것은 2개의 문자로 보이나 하나의 박(길이)을 갖는다.

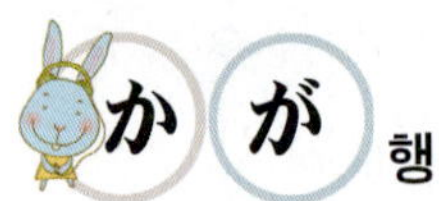

행

きゃ	キャ	きゅ	キュ	きょ	キョ
kya		kyu		kyo	

ぎゃ	ギャ	ぎゅ	ギュ	ぎょ	ギョ
gya		gyu		gyo	

「きゃ」의 발음은 「き」에서 [K]의 음가를 빌리고 「ゃ」에서 [ya]의 음가를 빌려와 조합
한 것으로 생각하면 쉽다. 즉, 「きゃ」는 'ㅋ+ㅑ[k+ya] ⇒ 캬'로 발음된다.

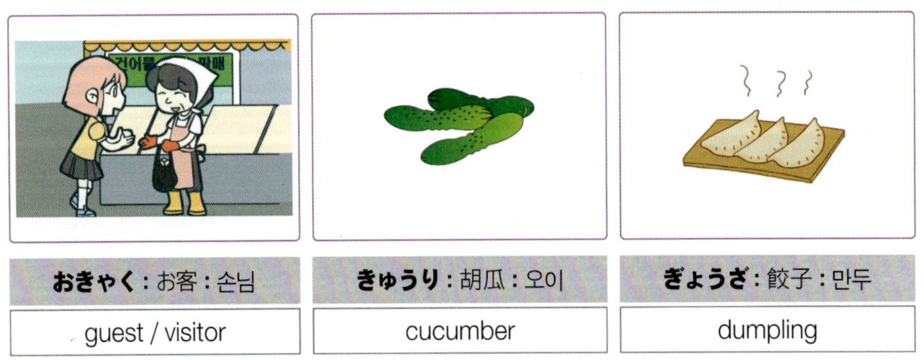

おきゃく：お客：손님	**きゅうり**：胡瓜：오이	**ぎょうざ**：餃子：만두
guest / visitor	cucumber	dumpling

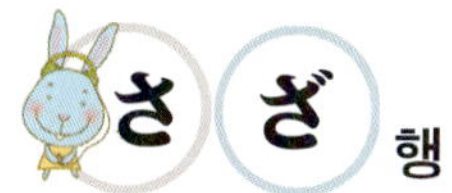
さ ざ 행

しゃ シャ	しゅ シュ	しょ ショ
sya	syu	syo

じゃ ジャ	じゅ ジュ	じょ ジョ
ja	ju	jo

「じゃ」와「じょ」는 '자'와 '조'가 아닌 '쟈'와 '죠'로 발음하도록 유의해야 한다.

しゃちょう : 社長 : 사장

president / CEO / boss

しゅうり : 修理 : 수리

repair / mending / fix

じょうだん : 冗談 : 농담

joke

<table>
<tr><td>ちゃ</td><td>チャ</td><td>ちゅ</td><td>チュ</td><td>ちょ</td><td>チョ</td></tr>
<tr><td colspan="2">cha</td><td colspan="2">chu</td><td colspan="2">cho</td></tr>
</table>

 「ちゃ」「ちゅ」「ちょ」는 우리말의 '챠·츄·쵸'에 가깝게 발음한다.

チャーハン : 중국 볶음밥	ちゅうしゃ : 駐車 : 주차	ちょうり : 調理 : 조리
fried rice	parking	cooking

 **な** 행

にゃ	ニャ	にゅ	ニュ	にょ	ニョ
nya		nyu		nyo	

 「にゃ」「にゅ」「にょ」는 우리말의 '냐・뉴・뇨'에 가깝게 발음한다. 

ニャーニャー : 야옹야옹

meow

ニュース : 뉴스

news

にょらい : 如来 : 여래

buddha

 행

ひゃ	ヒャ	ひゅ	ヒュ	ひょ	ヒョ
hya		hyu		hyo	

びゃ	ビャ	びゅ	ビュ	びょ	ビョ
bya		byu		byo	

ぴゃ	ピャ	ぴゅ	ピュ	ぴょ	ピョ
pya		pyu		pyo	

ひゃく：百：백

one hundred

ビューティー：뷰티

beauty

びょういん：病院：병원

hospital / clinic

ま
행

みゃ　ミャ　みゅ　ミュ　みょ　ミョ
mya　myu　myo

ミャンマー : 미얀마
ミュージック : 뮤직
みょうにち : 明日 : 내일
Myanmar union
music
tomorrow

 행

りゃ リャ	りゅ リュ	りょ リョ
rya	ryu	ryo

りゃくじ：略字：약자

simplified form

りゅうがく：留学：유학

studying abroad /
studying overseas

りょこう：旅行：여행

travel / tour

특수음

일본어의 특수음은 발음(撥音), 촉음(促音), 장음(長音)으로 나눌 수 있다.

[발음(撥音)]

발음(撥音)「ん」은 우리말의 ㄴ[n]/ㅁ[m]/ㅇ[ng]/[N]([n]과 [ng]의 중간발음)으로 발음한다.
즉「ん」의 발음은 후항의 음(音)에 따라 그 발음이 달라지는 것인데 이에 주의해야 한다.

발음				예문		
ン 발음 (撥音)	+	カ・ガ 행	[ng]	まんが【漫画】	만화	comics
		サ・ザ・タ・ダ・ナ・ラ 행	[n]	だんな【旦那】	남편	husband
		バ・パ・マ 행	[m]	しんぶん【新聞】	신문	newspaper
		×・ア・ハ・ヤ・ワ 행	[N]	でんわ【電話】	전화	telephone

[촉음(促音)]

촉음은「つ」를 작게 표기한「っ」를 말한다. 발음 시 주의할 것은 촉음, 즉 작은「っ」로 표기했다고 하더라도 한 박자를 유지하며 발음해야 한다는 것이다. 즉, 우리말의 받침처럼 발음되지 않도록 주의한다. 촉음 역시 후항의 음(音)에 따라 그 발음이 달라진다.

발음				예문	
っ 촉음 (促音)	+	カ행	⇒ [k]	いっかい【一階】	1층　the first floor
		サ행	[s]	ざっし【雑誌】	잡지 magazine
		タ행	[t]	よっつ【四つ】	넷　four
		パ행	[p]	いっぱい【一杯】	가득 full

[장음(長音)]

아래의 표와 같이 모음이 연접하는 경우 장음화가 일어나게 된다. 예를 들어「おかあさん【お母さん】(어머니)」은 [okaasaN]과 같이 [a]가 연접하게 되면서 [oka:saN]처럼 전항 모음 [a]를 한 박자 더 발음하게 되는데 이것을 장음화라고 한다. 가타카나(カタカナ)의 경우 장음은 「ー」으로 표기한다.

일본어의 장음에는 다음과 같은 종류가 있다.

장음	모음연접	장음화	예문
[a] 장음	[a]단＋[a]단	okaasaN ⇒ oka:saN	おかあさん【お母さん】 어머니 mother
[i] 장음	[i]단＋[i]단	oziisaN ⇒ ozi:saN	おじいさん【お祖父さん】 할아버지 grandfather
[u] 장음	[u]단＋[u]단	suuzi ⇒ su:zi	すうじ【数字】 숫자 number
[e] 장음	[e]단＋[e]단 [e]단＋[i]단	oneesaN ⇒ one:saN eiga ⇒ e:ga	おねえさん【お姉さん】 누나 / 언니 elder sister えいが【映画】 영화 movie
[o] 장음	[o]단＋[o]단 [o]단＋[u]단	too ⇒ to: gakkou ⇒ gakko:	とお【十】 열 ten がっこう【学校】 학교 school

일본어는 장음과 단음의 구별을 통해 의미가 달라지기 때문에 발음에 주의할 필요가 있다.

chapter 03　こんにちは。わたしは金です。

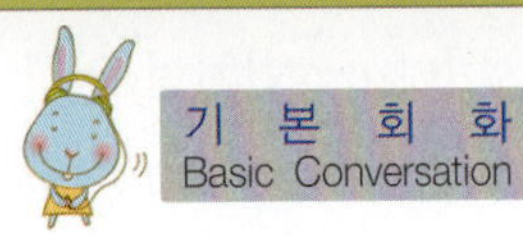

田中　こんにちは。

金　こんにちは。

田中　はじめまして。田中と申^{もう}します。よろしくお願^{ねが}いします。

金　はじめまして。金です。こちらこそよろしくお願いします。

田中	あの、金さんの職業は何ですか。
金	私は会社員です。田中さんも会社員ですか。
田中	いいえ、私は会社員ではありません。大学生です。

새로운단어 New Vocabulary

こんにちは	hello / Good afternoon	일본의 오후 인사말
はじめまして	How do you do?	처음 뵙겠습니다
～と		～라고
申(もう)す	say / talk / speak	'말하다'의 공손한 말씨
宜(よろ)しく	regard / best / greeting	적당히 / 적절히 / 잘
お願(ねが)いします		부탁드립니다.
宜しくお願いします	I'm very glad to meet you.	잘 부탁드립니다.
こちら	our / my	나(인칭 대명사) / 이쪽
こそ		어떤 사항을 강조하는 말
こちらこそ	same to you	나야말로 / 저야말로 / 이쪽이야말로
職業(しょくぎょう)	occupation	직업
何(なに/なん)	what	무엇
私(わたし)	I	나
会社員(かいしゃいん)	company employee	회사원
～さん	Mr. / Ms. / Mrs. / Miss.	～씨
いいえ	no	아니오
大学生(だいがくせい)	university student / college student	대학생

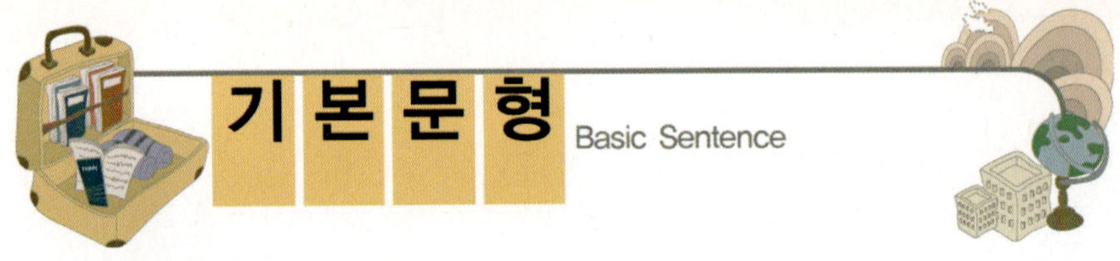

1│ Nは　Nです。

N(명사)	は	N(명사)	です。
私		学生	
私	は	医者	です。
田中さん		会社員	
金さん		韓国人	

2│ Nは　Nではありません。

N(명사)	は	N(명사)	ではありません。
私		学生	
私	は	会社員	ではありません。
金さん		大学生	
田中さん		中国人	

3│ Nと　申(もう)します。

N(명사)	と	申(もう)します。
李		
金	と	申(もう)します。
山本		
田中		

4 | Nは　Nですか。

N(명사)	は	N(명사)	ですか。
金さん		学生	
李さん	は	会社員	ですか。
田中さん		日本人	
あなた		フランス人	

기본문형단어 Basic Sentence Vocabulary

医者(いしゃ)	doctor	의사
韓国人(かんこくじん)	Korean	한국인
日本人(にほんじん)	Japanese	일본인
中国人(ちゅうごくじん)	Chinese	중국인
あなた	you	당신 / 너(2인칭 대명사)
フランス人(じん)	French	프랑스인

1 　 Nは Nです。 ～은/는 ～입니다.

「～は」는 조사로서 우리말의 '～은/는'에 해당하며 「～は」를 조사로 읽을 때에는 [wa]로 발음하는 것에 주의해야 한다.

「～です」는 N(명사)과 A(형용사・イ형용사), Na(형용동사・ナ형용사) 등과 결합하여 우리말의 '～입니다'라는 정중한 표현을 만든다. 「～です」는 N(명사), A(형용사・イ형용사)의 경우에는 원형에 접속하고, Na(형용동사・ナ형용사)의 경우에는 Na(형용동사・ナ형용사)의 어간에 접속한다.

私は林です。	나는 하야시입니다.	I am Hayashi.
私は学生です。	나는 학생입니다.	I am a student.
金さんは会社員です。	김씨는 회사원입니다.	Mr. Kim is a businessman.
田中さんは日本人です。	다나카씨는 일본인입니다.	Mr. Tanaka is Japanese.

「～です(～입니다)」의 보통형은 「～だ(~이다)」이다.

私は林だ。	나는 하야시이다.	I am Hayashi.
私は学生だ。	나는 학생이다.	I am a student.
金は会社員だ。	김은 회사원이다.	Kim is a businessman.
田中は日本人だ。	다나카는 일본인이다.	Tanaka is Japanese.

2 　 Nと 申します。 ～(이)라고 합니다.

「～と」는 우리말의 '～라고'의 의미를 나타내며 「申します」는 '말씀드립니다'의 의미를 나타낸다. 일반적으로 자신을 소개할 때는 「～です」보다 「～申します」라고 이야기하는 것이 더 정중한 표현이 된다.

私はジョンと申します。	나는 존이라고 합니다.	My name is John.
私はジョンです。	나는 존입니다.	I am John.
私は木村と申します。	나는 기무라라고 합니다.	My name is Kimura.
私は木村です。	나는 기무라입니다.	I am Kimura.

3 Nは Nではありません。 ～은/는 ~이/가 아닙니다.

「～です(～입니다)」의 부정표현은 「～ではありません(～이/가 아닙니다)」이다. 「～ではありません」의 전항에는 N(명사)과 Na(형용동사・ナ형용사)가 올 수 있다.

私は学生ではありません。	나는 학생이 아닙니다.	I am not a student.
これは鉛筆ではありません。	이것은 연필이 아닙니다.	This is not a pencil.

「～ではありません(～이/가 아닙니다)」의 보통형은 「～ではない(～이/가 아니다)」이다.

私は学生ではない。	나는 학생이 아니다.	I am not a student.
これは鉛筆ではない。	이것은 연필이 아니다.	This is not a pencil.

4 Nは Nですか。 ～은/는 ～입니까?

일본어에서는 문말에 「～か」를 접속하여 의문문을 만드는데, 우리말과는 달리 문말에 '?'는 사용하지 않는다.

林さんは大学生ですか。	하야시씨는 대학생입니까?	Is Hayashi a university student?
先生は韓国人ですか。	선생님은 한국인입니까?	Are you Korean?
木村さんは会社員ですか。	기무라씨는 회사원입니까?	Is Mr. Kimura a businessman?

「～さん」은 우리말의 '～씨'에 해당하는 말로 인명이나 직명에 접속되어 경의를 나타낸다. 따라서 상대방이 아닌 자신 혹은 자신과 관계된 사람에게는 사용하지 않도록 주의할 필요가 있다. 한편 직명에 「さん」을 접속하는 경우에는 「刑事さん(형사나리)」처럼 비꼬는 표현이 될 수 있으므로 사용에 주의할 필요가 있다.

金さんは会社員です。	김씨는 회사원입니다.	Mr. Kim is a businessman.
田中さんは学生です。	다나카씨는 학생입니다.	Mr. Tanaka is a student.
こちらは岩瀬部長です。	이쪽은 이와세부장입니다.	This is Iwase, the general manager.
★私は金さんです。(×)	나는 김씨입니다.(×)	I am Mr. Kim.(×)

일본어 역시 우리말과 같이 인칭을 나타내는 인칭 대명사가 있다. 먼저, 1인칭 대명사에 관해 알아보기로 하자.

'나'를 나타내는 1인칭 대명사로서 「私」가 있다. 「私」는 우리말의 '나'에 해당하며 정중하게 자신을 나타낼 때 쓰이고, 남녀 모두 사용할 수 있다. 「私」이외에 「僕」, 「俺」 등의 1인칭 대명사도 있는데, 이것은 남성이 자신을 나타낼 때 쓰는 말이다. 또한 공식석상 혹은 면접 등의 공적인 장소에서는 「私」보다 더 정중한 「私」가 사용되기도 한다.

2인칭 대명사에는 「あなた(당신)」, 「君(너/자네)」 등이 있는데 「あなた」는 포괄적인 의미를 나타내고, 「君」는 손윗사람이 손아랫사람에게 사용하는 느낌이 들기 때문에 상대의 이름을 알고 있다면 상대의 이름을 부르는 것이 일반적이다.

3인칭 대명사에는 「彼(그)」, 「彼女(그녀)」 등이 있다.

私は韓国人です。	나는 한국인입니다.	I am Korean.
あなたは日本人ですか。	당신은 일본인입니까?	Are you Japanese?
彼は会社員です。	그는 회사원입니다.	He is a businessman.

문법설명단어 Grammar Notes Vocabulary

鉛筆(えんぴつ)	pencil	연필
これ	this	이것
先生(せんせい)	teacher	선생
部長(ぶちょう)	general manager	부장

1 다음 빈칸에 알맞은 조사를 쓰시오.

보기	다나카라고 합니다. 田中(と)申します。

1 나는 대학생입니다.

わたし（　　　　）大学生です。

2 다나카씨도 회사원입니까?

田中さん（　　　　）会社員ですか。

3 김씨의 직업은 무엇입니까?

金さん（　　　　）職業は何ですか。

4 나는 회사원이 아닙니다.

私（　　　　）会社員ではありません。

2 다음 보기와 같이 바꾸시오.

보기	わたしは田中です。 → わたしは田中ではありません。

1 田中さんは会社員です。

⇨ ______________________________________

2 金さんは大学生です。

⇨ ______________________________________

3 わたしは韓国人です。

⇨ ____________________

4 田中さんは医者です。

⇨ ____________________

3 보기와 같이 다음 질문에 답하시오.

<table>
<tr><td>보기</td><td>これは鉛筆ですか。
→ はい、これは鉛筆です。
→ いいえ、これは鉛筆ではありません。</td></tr>
</table>

1 金さんは大学生ですか。

⇨ はい、____________________

⇨ いいえ、____________________

2 あなたは韓国人ですか。

⇨ はい、____________________

⇨ いいえ、____________________

3 田中さんは先生ですか。

⇨ はい、____________________

⇨ いいえ、____________________

こんにちは。

こんにちは。

はじめまして。田中と(**1** ）。よろしくお願（ねが）いします。

(**2** ）。金です。こちらこそよろしくお願いします。

あの、金さんの(**3** ）は何（なん）ですか。

私（わたし）は(**4** ）です。田中さんも会社員ですか。

いいえ、私は会社員ではありません。(**5** ）です。

일본의 인사표현

おはよう(ございます)。
Good morning
안녕하세요(아침 인사)

こんにちは。
Good afternoon / hello
안녕하세요(오후 인사)

こんばんは。
Good evening
안녕하세요(저녁 인사)

お久(ひさ)しぶりです。
I haven't seen you for a long time.
오래간만입니다.

お元気(げんき)ですか。
How are you?
건강하십니까?

おかげさまで。
Thanks.
덕분에요.

chapter 04

それは何ですか。

기 본 회 화
Basic Conversation

田中　あの人は誰ですか。

金　あの人は私の友だちです。

田中　そうですか。それは何ですか。

金　これは日本語の本と英語のノートです。

田中　それは金さんのですか。

金　日本語の本は私のですが、英語のノートは私のではありません。

　　　友だちのです。

새로운단어 New Vocabulary

あの	that	저
人(ひと)	person / man / woman	사람
誰(だれ)	who	누구
友(とも)だち	friend	친구
日本語(にほんご)	Japanese / Japanese language	일본어
本(ほん)	book	책
英語(えいご)	English / English language	영어
ノート	note book	노트

기본 문형 Basic Sentence

1| これは Nです。

これは 鉛筆 / ノート / 本 / 辞書 です。

2| Q：これは何ですか。　　A：それは Nです。

Q：これは何ですか。　　A：それは 鉛筆 / ノート / 本 / 辞書 です。

3| Q：それは何ですか。　　A：これは Nです。

Q：それは何ですか。　　A：これは 鉛筆 / ノート / 本 / 辞書 です。

4 | Q : あれは何ですか。　　　A : あれは Nです。

Q : あれは何ですか。　　　A : あれは　　　　鉛筆
　　　　　　　　　　　　　　　　　　　　　　ノート　　　　　です。
　　　　　　　　　　　　　　　　　　　　　　本
　　　　　　　　　　　　　　　　　　　　　　辞書

5 | N ＋ の ＋ Nです。

　　　　　　　　　　　私　　　　　　　　　鉛筆
これは　　　　　あなた　　　　　　　ノート
　　　　　　　　　　　英語　　　　　の　　本　　　　　　です。
　　　　　　　　　　　日本語　　　　　　　辞書

6 | N ＋ の ＋ Nではありません。

　　　　　　　　　　　私　　　　　　　　　鉛筆
これは　　　　　あなた　　　　　　　ノート
　　　　　　　　　　　英語　　　　　の　　本　　　　　　ではありません。
　　　　　　　　　　　日本語　　　　　　　辞書

7 | ～と

これは　　　　日本語の本　　　　　英語のノート
それは　　　　鉛筆　　　　と　　　辞書　　　　です。
あれは　　　　机　　　　　　　　　椅子

辞書(じしょ)	dictionary	사전
先生(せんせい)	teacher	선생
学生(がくせい)	student	학생

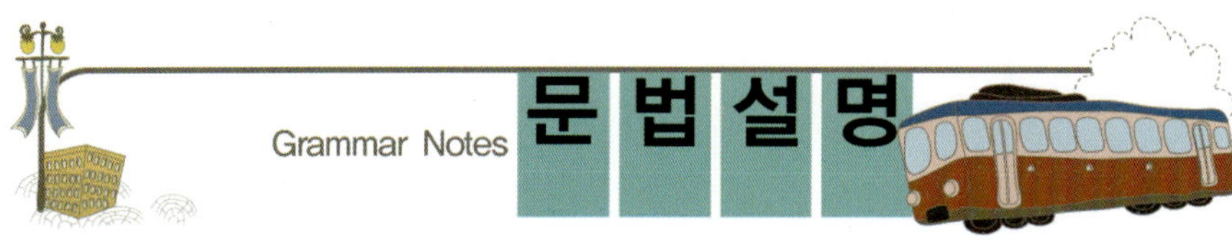

	근칭(이)	중칭(그)	원칭(저)	부정칭(어느)
사물	これ(이것)	それ(그것)	あれ(저것)	どれ(어느 것)
	this	it	that	which one
방향	こちら(이쪽)	そちら(그쪽)	あちら(저쪽)	どちら(어느 쪽)
	this way	that way	that way	which way
장소	ここ(여기)	そこ(거기)	あそこ(저기)	どこ(어디)
	here	there	there	where
명사접속	この(이~)	その(그~)	あの(저~)	どの(어느~)

1　こ・そ・あ・ど 표현

일본어의「こ・そ・あ・ど」는 우리말의 '이・그・저・어느'에 해당하는 말로서, 화자(말하는 사람)와 청자(듣는 사람)의 거리관계를 나타낸다.

「こ・そ・あ・ど」의 표현에서 주의해야 할 것은, 상대방이「こ」계열로 질문했을 경우에는「そ」로 대답하고,「そ」계열로 질문했을 경우에는「こ」계열로 대답해야 한다는 점이다.

<table>
<tr><td>Q : これは何ですか。</td><td>이것은 무엇입니까?</td><td>What is this?</td></tr>
<tr><td>A : それは時計です。</td><td>그것은 시계입니다.</td><td>It is a clock.</td></tr>
</table>

<table>
<tr><td>Q : それは何ですか。</td><td>그것은 무엇입니까?</td><td>What is that?</td></tr>
<tr><td>A : これは時計です。</td><td>이것은 시계입니다.</td><td>It is a clock.</td></tr>
</table>

2　～の ～의 / ～의 것

일본어에서는 N(명사)와 N(명사)가 접속할 경우 「N(명사)＋の＋N(명사)」와 같은 형태로 연결된다.

それは私のノートです。	그것은 나의 **노트입니다.**	That is my notebook.
彼女の傘です。	그녀의 우산입니다.	It is her umbrella.

하지만 다음과 같이 「の」뒤에 N(명사)가 존재하지 않아도 문장이 성립되는 경우가 있다. 이처럼 「の」다음에 N(명사)가 생략된 경우는 「私のもの」, 「彼女のもの」에서 「もの」가 생략된 것이라고 생각하여 '～의 것'이라는 의미가 되고, 따라서 이때의 「の」는 소유의 의미를 나타내게 된다.

それは私のです。	그것은 나의 것입니다.	That is mine.
それは彼女のです。	그것은 그녀의 것입니다.	That is hers.

「～と」는 우리말의 '～과/와'를 나타내는 조사로, 한정된 것을 열거할 때 사용한다.

これは鉛筆と辞書です。	이것은 연필과 사전입니다. These are a pencil and a dictionary.
それはりんごと梨です。	그것은 사과와 배입니다. They are an apple and a pear.
ここに日本語の本と中国語の辞書が あります。	여기에 일본어 책과 중국어 사전이 있습니다. Here are a Japanese book and a Chinese dictionary.
あそこに金さんと田中さんがいます。	저기에 김씨와 다나카씨가 있습니다. There are Mr. Kim and Mr. Tanaka.

문법설명단어 Grammar Notes Vocabulary

時計(とけい)	clock / watch	시계
傘(かさ)	umbrella	우산
彼女(かのじょ)	she / her / girlfriend	그녀 / 여자친구

1 보기와 같이 질문에 답하시오.

| 보기 | これは何ですか。(鉛筆)
→ それは鉛筆です。 |

1 これは何ですか。(本)

⇨ ___________________________________

2 それは何ですか。(ノート)

⇨ ___________________________________

3 あれは何ですか。(辞書)

⇨ ___________________________________

4 あの人は誰ですか。(友だち)

⇨ ___________________________________

5 その時計は誰のですか。(金さん)

⇨ ___________________________________

2 보기를 참고로 하여 괄호 안에 알맞은 말을 넣으시오.

보기	물건	소유자
	日本語の本	私
	英語のノート	友だち

→ （日本語の本）は（私の）ですが、（英語のノート）は（私の）ではありません。
　（友だちの）です。

1

물건	소유자
時計	私
傘	李さん

⇨ （　　　　）は（　　　　）ですが、（　　　　）は（　　　　）ではありません。

　（　　　　）です。

2

물건	소유자
鉛筆	彼女
辞書	金さん

⇨ （　　　）は（　　　　）ですが、（　　　）は（　　　　）ではありません。

　（　　　　）です。

3

물건	소유자
かばん	私
くつ	彼女

⇨ （　　　）は（　　　）ですが、（　　　）は（　　　　）ではありません。

　（　　　　）です。

あの人は(**1**)ですか。

(**2**)は私の(**3**)です。

そうですか。それは何ですか。

これは(**4**)の本と(**5**)のノートです。

それは金さんのですか。

日本語の本は(**6**)のですが、英語の(**7**)は私のではありません。

友だちのです。

나라이름

한국
韓国(かんこく) [Korea]
(the Republic of Korea)

일본
日本(にほん) [Japan]

중국
中国(ちゅうごく) [China]
(the People's Republic of China)

캐나다
カナダ [Canada]

영국
イギリス
[England, the United Kingdom]
(the United Kingdom of Great
Britain and Northern Ireland)

호주
オーストラリア [Australia]
(the Commonwealth of Australia)

미국
アメリカ / 米国(べいこく)
[America]
(the United States of America)

프랑스
フランス [France]
(the French Republic)

독일
ドイツ [Germany]
(the Federal Republic of Germany)

멕시코
メキシコ [Mexico]
(the United Mexican States)

페루
ペルー [Peru]
(the Republic of Peru)

터키
トルコ [Turkey]
(the Turkish Republic)

鈴木さんは何年生ですか。

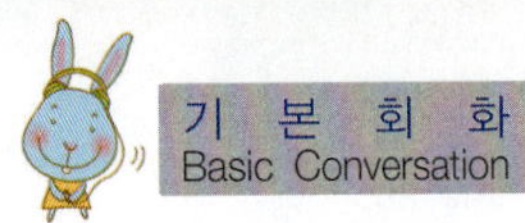

金　鈴木さんは何年生ですか。

鈴木　1年生です。金さんも1年生ですか。

金　いいえ、私は2年生です。

鈴木　先輩ですね。すみませんが、食堂はどこですか。

金　食堂はこの建物の3階です。

鈴木　銀行も3階ですか。

金　　いいえ、銀行は1階です。

鈴木　そうですか。ありがとうございます。

金　　どういたしまして。

새로운단어 New Vocabulary

何年生(なんねんせい)	What grade	몇 학년
先輩(せんぱい)	senior / upper classman	선배
すみません	sorry / Excuse me	죄송합니다 / 미안합니다
食堂(しょくどう)	restaurant / cafeteria	식당
どこ	where	어디
建物(たてもの)	building	건물
〜階(かい)	story(米) / floor(英)	〜층
銀行(ぎんこう)	bank	은행
ありがとうございます	Thank you	감사합니다
どういたしまして	You're welcome	천만에요

기본문형 Basic Sentence

1 Nも

あなた		2年生	です。
金さん	も	学生	
彼		会社員	ですか。
ここ		食堂	

2 Nですね。

ここ		食堂	
あそこ	は	パソコン室	ですね。
わたしたち		同級生	
あなた		1年生	

3 Nは どこですか。

食堂			
保健室	は	どこですか。	
銀行			
会社			

Grammar Notes 문법설명

1   Nですね。 ～이군요.

「～ですね」는 정중한 의미를 나타내는 「～です(입니다)」에 종조사 「ね」가 접속하여 성립한 문형이다. 우리말의 '～이군요'라는 뜻으로 가벼운 영탄의 의미를 나타낸다.

これは辞書ですね。	이것은 사전이군요.	This is a dictionary.
ここは食堂ですね。	이곳은 식당이군요.	This is a restaurant.
あそこは図書館ですね。	저곳은 도서관이군요.	That is a library.
ここは学校ですね。	여기는 학교군요.	This is a school.

★주의 종조사 「ね」는 상대방의 동의를 요구하거나 상대의 말에 대한 긍정의 의미로 쓰이는 경우가 있으므로 사용할 때 주의할 필요가 있다.

2   Nも ～도

「～も」는 우리말의 '～도'에 해당하는 조사이다.

ここも食堂ですか。	여기도 식당인가요?	Is this also a restaurant?
私も学生です。	나도 학생입니다.	I am a student, too.

보기	薬屋は何階ですか。 → 薬屋は5階です。

1 銀行は何階ですか。

⇨ ____

2 食堂は何階ですか。

⇨ ____

3 病院は6階ですか。

⇨ ____

④ 書店は5階ですか。

　　⇨ ____

⑤ 会社はどこですか。

　　⇨ ____

3 다음 문장을 듣고 빈칸에 알맞은 말을 적으시오.

鈴木<ruby>すずき</ruby>さんは(**1**　　　　　)ですか。

<ruby>いちねんせい</ruby>1年生です。金さんも1年生ですか。

いいえ、私は(**2**　　　　　)です。

先輩<ruby>せんぱい</ruby>ですね。すみませんが、(**3**　　　　　)はどこですか。

食堂はこの(**4**　　　　　)の(**5**　　　　　)です。

銀行<ruby>ぎんこう</ruby>も3階ですか。

いいえ、銀行は1階です。

そうですか。(**6**　　　　　　　)。

どういたしまして。

今、何時ですか。

기 본 회 화
Basic Conversation

田中　今、何時ですか。

金　3時30分です。韓国語（かんこくご）の授業（じゅぎょう）は何時からですか。

田中　もうすぐです。韓国語の授業は4時から6時までです。

教室（きょうしつ）は309号室（ごうしつ）です。

金　来週（らいしゅう）の水曜日（すいようび）はコンパですね。コンパは何時からですか。

田中　6時半からです。金さんも一緒（いっしょ）にどうですか。

金　すみません。水曜日は7時からアルバイトです。

田中　残念ですね。

새로운단어 New Vocabulary

今(いま)	now / just	지금
何時(なんじ)	what time / when	몇 시
韓国語(かんこくご)	Korean / Korean language	한국어
授業(じゅぎょう)	class	수업
〜から	from	〜부터
もう	also / as well / already / again / more	이제 / 이미 / 벌써 / 또 / 다시 / 더
すぐ	soon / at once / immediately	곧 / 즉시 / 금방
教室(きょうしつ)	classroom	교실
号(ごう)	number	호
室(しつ)	room	실
来週(らいしゅう)	next week	다음 주
水曜日(すいようび)	Wednesday	수요일
コンパ	party / get together	친목회 / 파티
半(はん)	half	반
30分(さんじゅっぷん)	thirty minutes	30분
一緒(いっしょ)	together	같이
どうですか	How about?	어떻습니까?
アルバイト	part-time job	아르바이트
残念(ざんねん)	regrettable / disappointing	유감스러움 / 아쉬움

기본문형 Basic Sentence

1 | Q：今、何時ですか。　　A：〜時（〜分）です。

Q：今、何時ですか。　　A：
　1時40分
　3時
　12時半
　6時25分
　です。

2 | 〜から〜までです。

ソウル		釜山	
1時	から	3時	までです。
1階		5階	
今日		明日	

3 | Q：何時からですか。　　A：〜時からです。

Q：何時からですか。　　A：
　1時
　2時半
　6時
　11時30分
　からです。

기본문형단어 Basic Sentence Vocabulary

ソウル	Seoul	서울
釜山(プサン)	Busan	부산
今日(きょう)	today	오늘
明日(あした)	tomorrow	내일

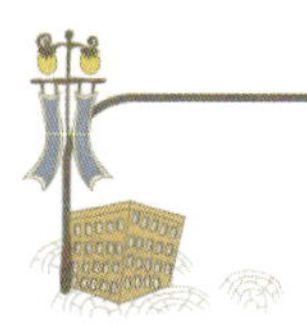

Grammar Notes # 문법설명

1　～から～まで ～부터 ～까지

「～から～まで」는 우리말의 '～부터 ～까지'에 해당한다. 시간과 거리 등에서 출발점과 도착점을 이야기할 때 사용한다.

朝から夜まで	아침부터 밤까지	from morning to night
1時から2時まで	1시부터 2시까지	from one o'clock to two o'clock
ソウルから釜山まで	서울부터 부산까지	from Seoul to Busan
家から学校まで	집에서부터 학교까지	from home to school

2　일본어 시간 읽기 : 시간, 분, 요일

시간

몇 시(何時)	1시(1時)	2시(2時)	3시(3時)	4시(4時)	5시(5時)	6시(6時)
なんじ	いちじ	にじ	さんじ	よじ	ごじ	ろくじ
what time	one o'clock	two o'clock	three o'clock	four o'clock	five o'clock	six o'clock

7시(7時)	8시(8時)	9시(9時)	10시(10時)	11시(11時)	12시(12時)
しちじ	はちじ	くじ	じゅうじ	じゅういちじ	じゅうにじ
seven o'clock	eight o'clock	nine o'clock	ten o'clock	eleven o'clock	noon / midnight twelve o'clock

분

몇 분(何分)	1분(1分)	2분(2分)	3분(3分)	4분(4分)	5분(5分)
なんぷん	いっぷん	にふん	さんぷん	よんぷん	ごふん
what time	one minute	two minutes	three minutes	four minutes	five minutes

6분(6分)	7분(7分)	8분(8分)	9분(9分)	10분(10分)
ろっぷん	ななふん	はっぷん	きゅうふん	じゅっぷん/じっぷん
six minutes	seven minutes	eight minutes	nine minutes	ten minutes

20분(20分)	30분(30分)	40분(40分)	50분(50分)	60분(60分)
にじゅっぷん	さんじゅっぷん	よんじゅっぷん	ごじゅっぷん	ろくじゅっぷん
twenty minutes	thirty minutes / half an hour	forty minutes	fifty minutes	sixty minutes / one hour

요일

무슨 요일	월요일	화요일	수요일	목요일	금요일	토요일	일요일
何曜日	月曜日	火曜日	水曜日	木曜日	金曜日	土曜日	日曜日
なんようび	げつようび	かようび	すいようび	もくようび	きんようび	どようび	にちようび
What day	Monday	Tuesday	Wednesday	Thursday	Friday	Saturday	Sunday

문법설명단어 Grammar Notes Vocabulary

朝(あさ)	morning	아침
夜(よる)	night / evening	저녁

1 다음 그림을 보고 몇 시인지 일본어로 답하시오.

보기	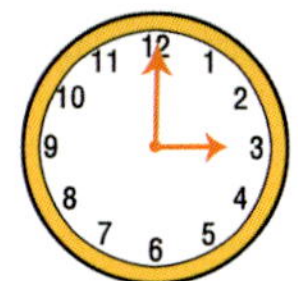	今、何時ですか。 → 3時です。

1  ⇨ ____

2  ⇨ ____

3 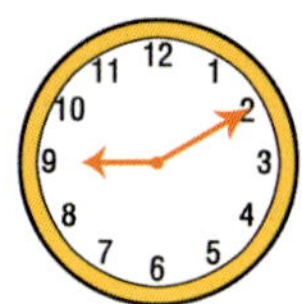 ⇨ ____

4  ⇨ ____

5  ⇨ ____

時間	月曜日	火曜日	水曜日	木曜日	金曜日
9:00 − 10:00	韓国語				
10:00 − 11:00	307号室				数学
11:00 − 12:00			日本語		411号室
12:00 − 1:00			503号室		
1:00 − 2:00				中国語	
2:00 − 3:00				109号室	
3:00 − 4:00		英語			
4:00 − 5:00		205号室	アルバイト		
5:00 − 6:00					アルバイト
6:00 − 7:00					

보기	数学の授業は何時から何時までですか。 → 数学の授業は10時から12時までです。 教室はどこですか。 → 教室は411号室です。

1 韓国語

韓国語の授業は何時から何時までですか。

⇨ ___________________________________

教室はどこですか。

⇨ ___________________________________

2 英語

英語の授業は何時から何時までですか。

⇨ ___________________________________

教室はどこですか。

⇨ ____

3 日本語

日本語の授業は何時から何時までですか。

⇨ ____

教室はどこですか。

⇨ ____

4 中国語

中国語の授業は何時から何時までですか。

⇨ ____

教室はどこですか。

⇨ ____

보기	水曜日は4時からコンパですね。金さんも一緒にどうですか。 → すみません。水曜日は3時から7時までアルバイトです。

5 金曜日は5時からコンパですね。金さんも一緒にどうですか。

⇨ ____

6 火曜日は3時からコンパですね。金さんも一緒にどうですか。

⇨ ____

 다음 문장을 듣고 빈칸에 알맞은 말을 적으시오.

今、何時ですか。

3時30分です。(**1**　　　　　)の(**2**　　　　　)は何時からですか。

もうすぐです。韓国語の授業は4時から6時までです。

(**3**　　　　　)は309(**4**　　　　　)です。

(**5**　　　　　)の水曜日はコンパですね。コンパは何時からですか。

6時半からです。金さんも(**6**　　　　　)にどうですか。

すみません。水曜日は7時からアルバイトです。

(**7**　　　　　)ですね。

생물이름

새
鳥(とり) [bird]

생선 / 물고기
魚(さかな) [fish]

소
牛(うし) [cow]

돼지
豚(ぶた) [pig]

닭
鶏(にわとり) [chicken]

개
犬(いぬ) [dog]

고양이
猫(ねこ) [cat]

원숭이
猿(さる) [monkey]

토끼
ウサギ [rabbit]

캥거루
カンガルー [kangaroo]

악어
ワニ [crocodile]

곰
熊(くま) [bear]

늑대
狼(おおかみ) [wolf]

호랑이
虎(とら) [tiger]

사자
ライオン [lion]

코끼리
象(ぞう) [elephant]

상어
サメ [shark]

고래
鯨(くじら) [whale]

chapter 07 — 教室の中に誰かいますか。

金　教室の中に誰かいますか。

田中　はい、学生が二人います。

金　先生もいますか。

田中　いいえ、先生はいません。

金　椅子はいくつありますか。

田中　六つあります。

金　机も六つありますか。

田中　いいえ、机は三つしかありません。

金　　机の上に何がありますか。

田中　鉛筆とノートがあります。

새로운단어 New Vocabulary

中(なか)	inside	안
いる / います / いません	are / is / aren't / isn't	있다 / 있습니다 / 없습니다
二人(ふたり)	two persons	두 사람
先生(せんせい)	teacher	선생
椅子(いす)	chair	의자
いくつ	how many	몇 개
机(つくえ)	desk	책상
ある / あります / ありません	are / is / aren't / isn't	있다 / 있습니다 / 없습니다
〜しか		〜밖에
上(うえ)	top / above / upon / on	위
鉛筆(えんぴつ)	pencil	연필

기본문형 Basic Sentence

1│ 〜います。／ 〜いません。

긍정		부정	
学生が		学生が	
金さんは	ここに　います。	金さんは	ここに　いません。
先生も		先生も	
リナも		リナも	

2│ 〜あります。／ 〜ありません。

긍정			부정		
ここに	机が		ここに	机は	
あそこに	椅子が	あります。	あそこに	椅子は	ありません。
そこに	本が		あそこに	本は	
ここに	りんごが		ここに	りんごは	

3│ Q：いくつありますか。　　　A：〜あります。

Q：いくつありますか。　　A：
一つ
四つ
九つ
六つ
あります。

4 | ～しか

これ			ありません。
あなた	しか		いません。
本			ありません。
彼女			いません。

5 | N と N が います / あります。

鉛筆		ノート		あります。
りんご	と	梨	が	あります。
学生		先生		います。
犬		猫		います。

기본문형단어 Basic Sentence Vocabulary

りんご	apple	사과
梨(なし)	pear	배
犬(いぬ)	dog	개
猫(ねこ)	cat	고양이

Grammar Notes **문법설명**

1 いまず / あります。 있습니다.

일본어에는 존재의 유무를 나타내는 '있다'라는 표현으로 「います」, 「あります」 2가지가 있는데, 생명을 가지고 있으며 스스로 움직일 수 있는 경우에는 「います」, 무생물일 경우에는 「あります」를 쓴다.

人が3人います。	사람이 3명 있습니다.	There are three people.
あそこに犬がいます。	저곳에 개가 있습니다.	There is a dog over there.
ここに鉛筆があります。	여기에 연필이 있습니다.	Here is a pencil.
机が2つあります。	책상이 두 개 있습니다.	There are two desks.

2 ～しか ～밖에

「～しか」는 우리말의 '～밖에'의 의미를 나타낸다. N(명사), V(동사), A(형용사)에 접속하며 뒤에 부정형이 온다.

ここは学生しかいません。	여기는 학생밖에 없습니다. Here are only students.
教室には学生しかいません。	교실에는 학생밖에 없습니다. There are only students in the classroom.
この店には靴しかありません。	이 가게에는 구두밖에 없습니다. There are only shoes in this store.
ここはコーヒーしかありません。	여기는 커피밖에 없습니다. Here is only coffee available.

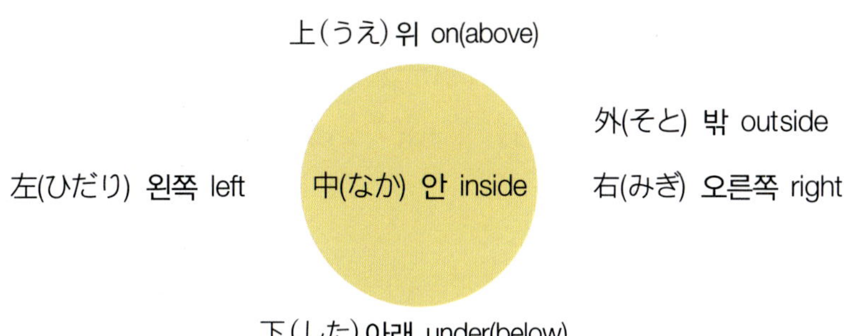

4 일본어 숫자 읽기 3

〜 명(사람 수)

사람을 셀 때 '한 명, 두 명'은 「ひとり」, 「ふたり」로 세고, '세 명'부터는 '숫자+にん'을 접속시키면 된다.

몇 명	한 명	두 명	세 명	네 명
何人	一人	二人	三人	四人
なんにん	ひとり	ふたり	さんにん	よにん
How many	one people	two people	three people	four people

다섯 명	여섯 명	일곱 명	여덟 명	아홉 명	열 명
五人	六人	七人	八人	九人	十人
ごにん	ろくにん	しちにん / ななにん	はちにん	きゅうにん	じゅうにん
five people	six people	seven people	eight people	nine people	ten people

고유 숫자

몇 개	하나	둘	셋	넷	다섯	여섯	일곱	여덟	아홉	열
幾つ	一つ	二つ	三つ	四つ	五つ	六つ	七つ	八つ	九つ	十
いくつ	ひとつ	ふたつ	みっつ	よっつ	いつつ	むっつ	ななつ	やっつ	ここのつ	とお
How many	one	two	three	four	five	six	seven	eight	nine	ten

일본어 날짜 읽기

(1) 월

몇 월(何月)	1월(1月)	2월(2月)	3월(3月)	4월(4月)
なんがつ	いちがつ	にがつ	さんがつ	しがつ
what month	January	February	March	April

5월(5月)	6월(6月)	7월(7月)	8월(8月)
ごがつ	ろくがつ	しちがつ	はちがつ
May	June	July	August

9월(9月)	10월(10月)	11월(11月)	12월(12月)
くがつ	じゅうがつ	じゅういちがつ	じゅうにがつ
September	October	November	December

(2) 일

몇 일(何日)	1일(1日)	2일(2日)	3일(3日)	4일(4日)	5일(5日)
なんにち	ついたち	ふつか	みっか	よっか	いつか
what date	the first	the second	the third	the fourth	the fifth

6일(6日)	7일(7日)	8일(8日)	9일(9日)	10일(10日)
むいか	なのか	ようか	ここのか	とおか
the sixth	the seventh	the eighth	the ninth	the tenth

★**주의** 일본어로 11일 이후는「じゅういちにち(11일)」,「じゅうににち(12일)」와 같이 숫
자에「にち(日)」를 더하여 완성한다. 하지만 14일, 20일, 24일은 다음과 같이
읽는 방법이 다르기 때문에 주의해야 한다.

14일(14日)	20일(20日)	24일(24日)
じゅうよっか	はつか	にじゅうよっか
fourteenth	twentieth	twenty fourth

これを一つください。	이것을 한 개 주세요.	Give me this one please.
りんごを七つください。	사과를 7개 주세요.	Give me seven apples, please.
今日は3月1日です。	오늘은 3월 1일입니다.	Today is the first of March.
明日は2月8日です。	내일은 2월 8일입니다.	Tomorrow is the 8th of February.

문법설명단어 Grammar Notes Vocabulary

店(みせ)	store / shop	가게 / 상점
靴(くつ)	shoes	구두
コーヒー	coffee	커피
下(くだ)さい	give me / please	주세요

1 다음 그림을 보고 괄호 안에 알맞은 말을 넣으시오.

보기	 → 机が(1つ)あります。

1 

⇨ 人が(　　　　)います。

2 

⇨ 梨が(　　　　)あります。

3 

⇨ みかん(　　　　)と梨(　　　　)があります。

4 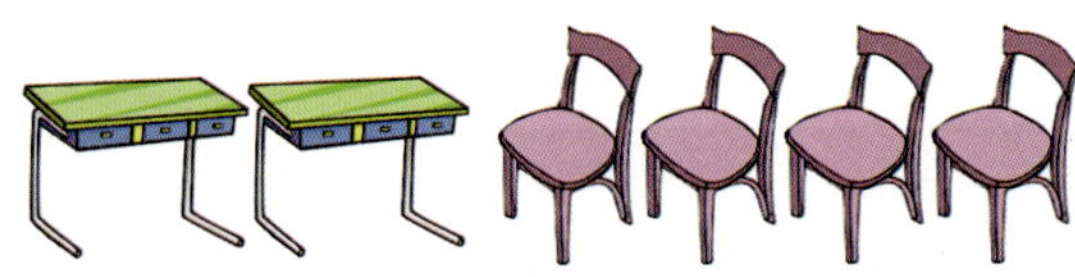

⇨ 机(　　　　)と椅子(　　　　)があります。

2 다음 그림을 보고 물음에 답하시오.

❶ 公園に人が何人いますか。

⇨ ____

❷ 犬はいますか。

⇨ ____

❸ 猫もいますか。

⇨ ____

❹ 公園に椅子はいくつありますか。

⇨ ____

5　テーブルもありますか。

⇨ ____

6　椅子の上には何かありますか。

⇨ ____

3 다음 문장을 듣고 빈칸에 알맞은 말을 적으시오.

教室の中に(**1** 　　　　　)かいますか。

はい、学生が(**2** 　　　　　)います。

先生（せんせい）もいますか。

いいえ、先生は(**3** 　　　　　)。

椅子（いす）は(**4** 　　　　)ありますか。

六（むっ）つあります。

机（つくえ）も六つありますか。

いいえ、机は(**5** 　　　　)ありません。

机の上（うえ）に何（なに）がありますか。

(**6** 　　　　)とノートがあります。

가족호칭

<table>
<tr><td colspan="2" align="center">우리집(나의~)</td><td colspan="2" align="center">남의 집(타인의~)</td></tr>
<tr>
<td align="center"></td>
<td align="center"></td>
<td align="center"></td>
<td align="center"></td>
</tr>
<tr>
<td align="center">할아버지
grandfather
そふ(祖父)</td>
<td align="center">할머니
grandmother
そぼ(祖母)</td>
<td align="center">할아버지
grandfather
おじいさん
(お祖父さん)</td>
<td align="center">할머니
grandmother
おばあさん
(お祖母さん)</td>
</tr>
<tr>
<td align="center"></td>
<td align="center"></td>
<td align="center"></td>
<td align="center"></td>
</tr>
<tr>
<td align="center">아버지
father
ちち(父)</td>
<td align="center">어머니
mother
はは(母)</td>
<td align="center">아버지
father
おとうさん(お父さん)</td>
<td align="center">어머니
mother
おかあさん(お母さん)</td>
</tr>
<tr>
<td align="center"></td>
<td align="center"></td>
<td align="center"></td>
<td align="center"></td>
</tr>
<tr>
<td align="center">형/오빠
older(elder) brother
あに(兄)</td>
<td align="center">누나/언니
older(elder) sister
あね(姉)</td>
<td align="center">형/오빠
older(elder) brother
おにいさん(お兄さん)</td>
<td align="center">누나/언니
older(elder) sister
おねえさん(お姉さん)</td>
</tr>
<tr>
<td align="center"></td>
<td align="center"></td>
<td align="center"></td>
<td align="center"></td>
</tr>
<tr>
<td align="center">남동생
younger brother
おとうと(弟)</td>
<td align="center">여동생
younger sister
いもうと(妹)</td>
<td align="center">남동생
younger brother
おとうとさん(弟さん)</td>
<td align="center">여동생
younger sister
いもうとさん(妹さん)</td>
</tr>
</table>

큰아버지 작은아버지	伯父 叔父	おじ	uncle
이모, 외숙모, 숙모	伯母 叔母	おば	aunt
큰외삼촌 작은외삼촌	母方の伯父 母方の叔父	ははかたのおじ	(maternal) uncle
사촌	従兄/従弟/従姉/従妹	いとこ	cousin
조카	甥	おい	nephew
조카딸	姪	めい	niece

chapter 08　今日はあついですね。

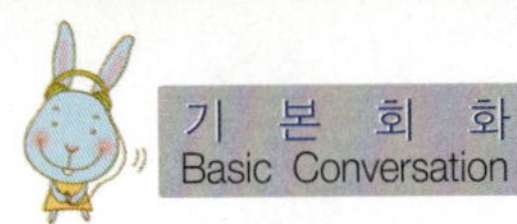

기본회화
Basic Conversation

林　今日（きょう）はあついですね。

李　韓国の夏（なつ）はあついです。日本の夏もあついですか。

林　はい。韓国より日本の方（ほう）があついです。また、雨（あめ）も多（おお）いです。

　　ところで、この駅（えき）は広（ひろ）いですね。李さん、韓国の地下鉄（ちかてつ）はどうですか。

李　地下鉄は安（やす）くて速（はや）いです。

林　値段はどうですか。バスより地下鉄の方が安いですか。

李　そうですね。地下鉄の値段はバスほど安くありません。高いです。

今日(きょう)	today	오늘
暑(あつ)い	hot	덥다
夏(なつ)	summer	여름
〜より	than / rather	〜보다
雨(あめ)	rain	비
多(おお)い	many / much / lots of	많다
ところで	well / by the way / but	그런데
駅(えき)	station	역
広(ひろ)い	wide	넓다
地下鉄(ちかてつ)	subway	지하철
安(やす)い	cheap	싸다
速(はや)い	fast	빠르다
値段(ねだん)	price	가격
〜ほど	as 〜 as	〜정도 / ~만큼
バス	bus	버스
高(たか)い	expensive	비싸다

기본문형 Basic Sentence

1│ A원형(형용사・イ형용사원형) ＋ です。

今日		暑い
これ	は	高い
ここ		広い
地下鉄		速い

です。

2│ A원형(형용사・イ형용사원형) ＋ ですか。

明日		寒い
これ	は	高い
この駅		広い
バス		速い

ですか。

3│ A어간(형용사・イ형용사어간) ＋ く ＋ て

バス	やす		速い
日本の夏	あつ		雨も多い
日本語	は やさし	く ＋ て	面白い
北海道の冬	さむ		雪も多い

ですね。

です。

4│ A어간(형용사・イ형용사어간) ＋ く ＋ ありません。

ここ		ひろ	
バス	は	たか	く ありません。
新幹線		おそ	
この本		おもしろ	

5 | ～より

釜山		ソウル
バス	より	電車
私		あなた
今日		明日

기본문형단어 Basic Sentence Vocabulary

寒(さむ)い	cold	춥다
新幹線(しんかんせん)	express train / Shinkansen	신칸센
遅(おそ)い	late / slow	늦다 / 느리다
電車(でんしゃ)	train	전차

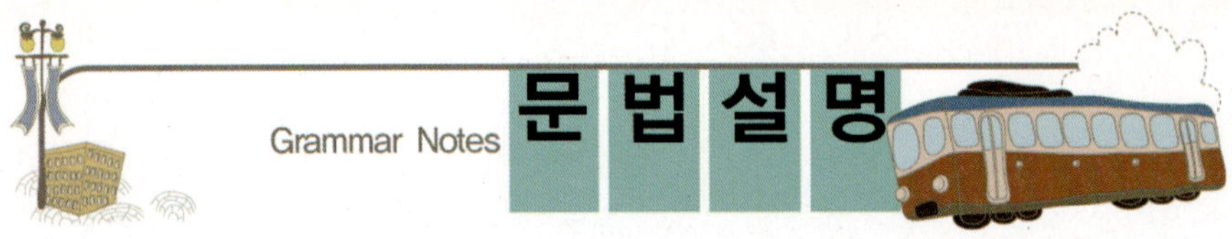

Grammar Notes **문법설명**

1 　A(형용사)의 활용 방법

일본어의 A(형용사)에는 'A(형용사·イ형용사)'와 'Na(형용동사·ナ형용사)'가 있다. 일본어의 A(형용사·イ형용사)는 어미가 「イ」로 끝난다는 특징이 있다.

예)	高たかい 비싸다 expensive	安やすい 싸다 cheap	熱あつい 뜨겁다 hot	冷つめたい 차갑다 cold	寒さむい 춥다 cold	悲かなしい 슬프다 sad	おもしろい 재미있다 fun / interesting

따라서 A(형용사·イ형용사)를 아래와 같이 어간과 어미로 나눌 수 있다.

高たか A어간	－	い A어미

A어간(형용사·イ형용사어간)은 의미를 담당하는 부분이고, A어미(형용사·イ형용사어미)는 활용하는 부분이라고 할 수 있다.

☺**힌트** 일본어의 A(형용사·イ형용사)는 「<u>く－ない、い－です、い、い－とき、けれ－ば、かっ－た、く－て</u>」로 규칙활용하기 때문에 이 활용을 암기할 필요가 있다.

2 　A(형용사·イ형용사) 부정형 만드는 방법

부정을 나타내는 의미는 「ない」가 담당하는데, A(형용사·イ형용사)와 「ない」가 접속하기 위해서는 A어미(형용사·イ형용사어미) 「い」를 「く」로 바꾸어야 한다.

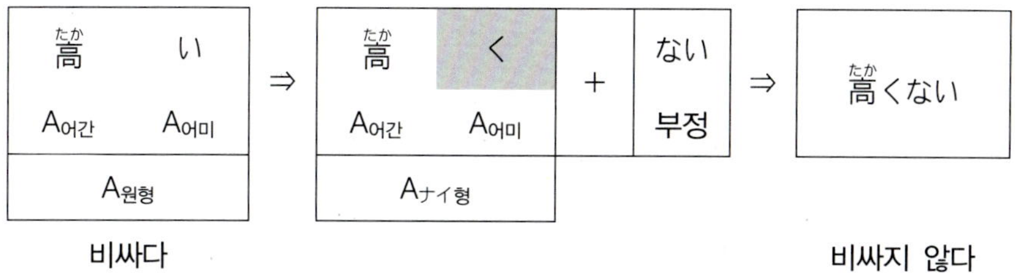

3   A(형용사·イ형용사) 정중형 만드는 방법

A(형용사·イ형용사)에 정중의 의미를 나타내는「～です(～입니다)」가 접속하는 경우는 A원형(형용사·イ형용사원형)에「です」를 접속한다.

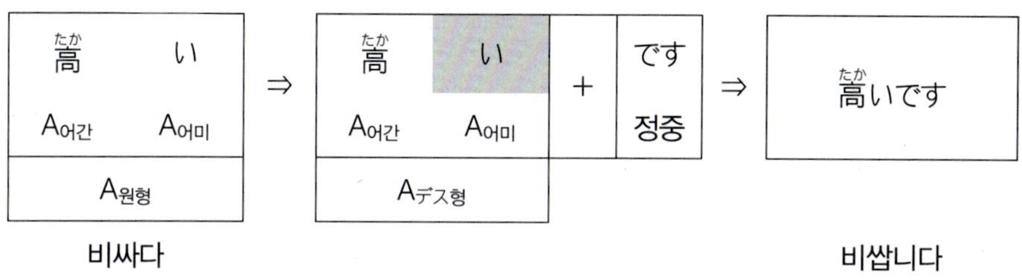

4   A(형용사·イ형용사)를 사전에서 찾을 때에는 A원형(형용사·イ형용사원형)으로 찾는다.

5   A(형용사·イ형용사)에 N(명사)을 접속시키는 방법

A(형용사·イ형용사)와 N(명사)가 접속하는 경우는 A원형(형용사·イ형용사원형)에 N(명사)을 접속한다.

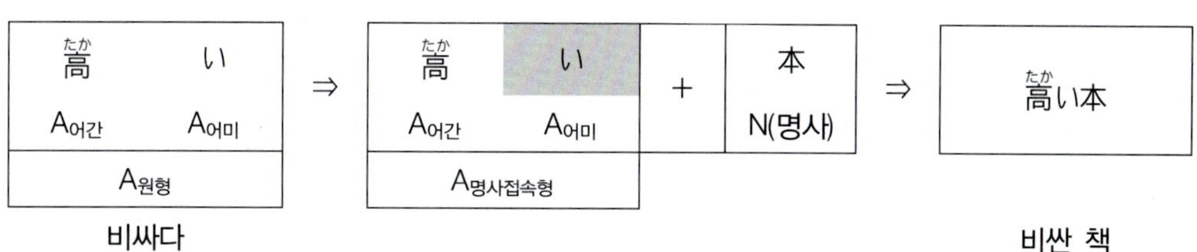

우리말의「～면」과 같은 가정의 의미를 나타내기 위해서는 A(형용사 · イ형용사)의 어미「い」를「けれ」로 바꾸고 가정의 의미를 나타내는「ば」를 접속시킨다.

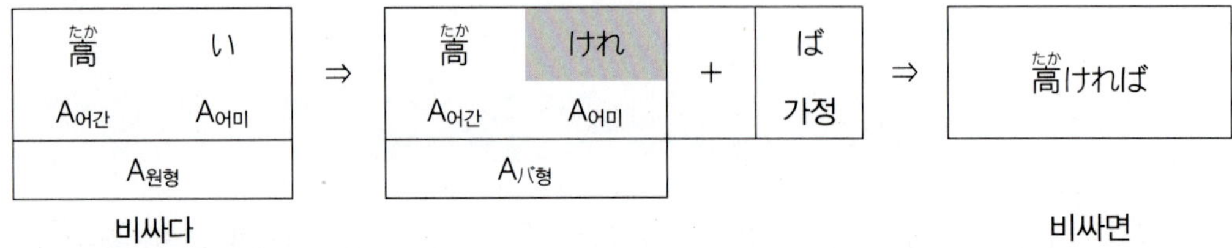

비싸다   비싸면

A(형용사 · イ형용사)가 과거를 나타내기 위해서는 A(형용사 · イ형용사)의 어미「い」를「かっ」으로 바꾸고 과거의 의미를 나타내는「た」를 접속시킨다.

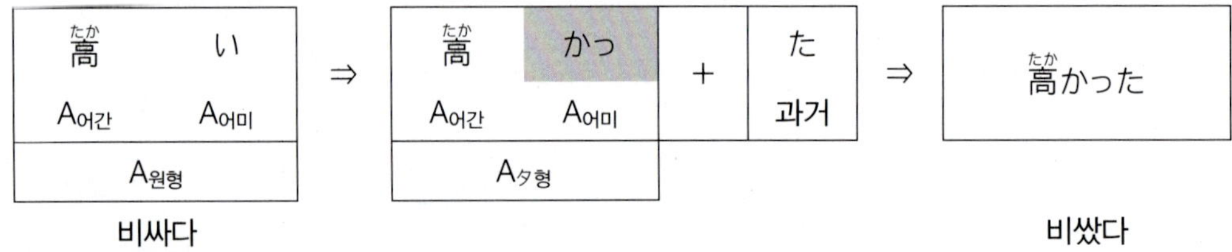

비싸다   비쌌다

일본어 A(형용사 · イ형용사) 활용표

활용형	高(たか)い		
	활용	접속예	의미
Aナイ형	たか く	ない	비싸지 않다
Aデス형	たか い	です	비쌉니다
A원형	たか い	○	비싸다
A명사접속형	たか い	時	비쌀 때
Aバ형	たか けれ	ば	비싸면
Aタ형	たか かっ	た	비쌌다

일본어에서 비교급을 나타내는 표현으로 「～より」가 있다.

釜山		ソウル	부산보다 서울	Seoul rather than Bus.
バス	より	地下鉄	버스보다 지하철	Subway rather than Bus.
友だち		恋人	친구보다 연인	A Boyfriend or a girlfriend rather than a friend.
恋愛		仕事	연애보다 일	Work rather than dating.

일본어에서는 방향을 정확하게 지정한다. 예를 들어 '여름보다 가을을 좋아합니다'라는 문장이 있다면 「夏より秋の方が好きです。」라고 표현을 한다. 우리말로 직역하면 '여름보다 가을 쪽을 좋아합니다'가 되는 것이다.
한국인 일본어 학습자가 틀리기 쉬운 표현이다. 주의할 것!!!

봄	여름	가을	겨울
春(はる)	夏(なつ)	秋(あき)	冬(ふゆ)
spring	summer	fall / autumn	winter

문법설명단어 Grammar Notes Vocabulary

熱(あつ)い	hot	뜨겁다
冷(つめ)たい	cold	차갑다
寒(さむ)い	cold	춥다
悲(かな)しい	sad	슬프다
面白(おもしろ)い	fun / interesting	재미있다
本(ほん)	book	책
恋人(こいびと)	lover / boyfriend / girlfriend	연인
恋愛(れんあい)	romance / dating	연애
仕事(しごと)	work	일

1 보기와 같이 문장을 바꾸시오.

| 보기 | 今日は<u>あついです。</u>
→ 今日は<u>あつくありません。</u> |

1 これは高いです。

⇨ _______________________________

2 教室は広いです。

⇨ _______________________________

3 地下鉄は速いです。

⇨ _______________________________

4 車が多いです。

⇨ _______________________________

5 ソウルは寒いです。

⇨ _______________________________

2 보기와 같이 문장을 바꾸시오.

<table>
<tr><td>보기</td><td>バスは (安い、速い) ですね。
→ バスは(安くて速い)ですね。</td></tr>
</table>

1 ここは駅も(近い、いい)ですね。

⇨　ここは駅も(　　　　　　　　)ですね。

2 彼女は(やさしい、美しい)ですね。

⇨　彼女は(　　　　　　　　)ですね。

3 この部屋は(狭い、暑い)ですね。

⇨　この部屋は(　　　　　　　　)ですね。

4 アイスクリームは(甘い、おいしい)ですね。

⇨　アイスクリームは(　　　　　　　　)ですね。

3 다음 문장을 일본어로 작문하시오.

1 일본의 여름도 덥습니까?

⇨　______________________________

2 가격은 어떻습니까?

⇨　______________________________

3 배보다 사과가 쌉니다.

⇨ ____

4 지하철 가격은 버스만큼 싸지 않습니다.

⇨ ____

4 다음 문장을 듣고 빈칸에 알맞은 말을 적으시오.

(**1**)はあついですね。

韓国の夏は(**2**)です。日本の夏もあついですか。

はい。韓国より日本の方があついです。また、(**3**)も

(**4**)です。

ところで、この(**5**)は広いですね。李さん、韓国の(**6**)はどうですか。

地下鉄は(**7**)て速いです。

(**8**)はどうですか。バスより地下鉄の方が安いですか。

そうですね。地下鉄の値段はバスほど安くありません。(**9**)です。

きれいで静かな公園ですね。

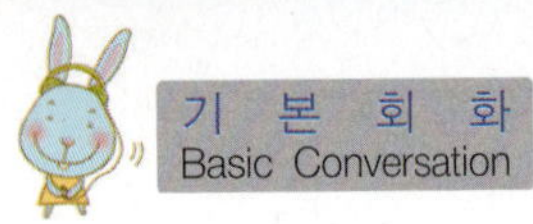

中野 きれいで静かな公園ですね。いつもこのように静かですか。

金 いいえ、休日は人がおおぜいいますので、静かではありません。

中野 金さんはこの公園が好きですか。

金 木も多くて池もきれいですので、とても好きです。

中野 ここに池がありますか。

金　はい、この公園の池は有名です。池の中には鯉とカメもいます。

中野　本当ですか。私はカメが大好きです。

새로운단어 New Vocabulary

綺麗(きれい)だ	clean / pretty	깨끗하다 / 예쁘다
公園(こうえん)	park	공원
静(しず)かだ	quiet	조용하다
いつも	always	항상 / 언제나
休日(きゅうじつ)	holiday	휴일
大勢(おおぜい)	many / much	많이
好(す)きだ	like / love	좋아하다
木(き)	tree	나무
多(おお)い	many / much	많다
池(いけ)	pond	연못
有名(ゆうめい)だ	famous / popular	유명하다
中(なか)	inside / in	안
鯉(こい)	carp	잉어
亀(かめ)	turtle	거북이
本当(ほんとう)	really / true	정말

1 │ Na어간(형용동사・ナ형용사어간) ＋ です。

この公園		静か	
あの人	は	有名	です。
ここ		きれい	
彼		まじめ	

2 │ Na어간(형용동사・ナ형용사어간) ＋ ではありません。

この公園		静か	
あの人	は	有名	ではありません。
ここ		きれい	
彼		まじめ	

3 │ Na어간(형용동사・ナ형용사어간) ＋ な ＋ N(명사)

好き		人
きれい	な	花
にぎやか		町
幸せ		彼女

4 | Na어간(형용동사・ナ형용사어간) + で

この公園		静か		いい	
あの人	は	有名	で	ハンサム	です。
ここ		きれい		静か	
彼女		まじめ		かわいい	

5 | ～が + Na(형용동사・ナ형용사)

彼女		花		好き	
私	は	テニス	が	きらい	です。
彼		英語		下手	
山田さん		料理		上手	

기본문형단어 Basic Sentence Vocabulary

真面目(まじめ)だ	serious / sincere	진지하다 / 성실하다 / 착실하다
花(はな)	flower	꽃
賑(にぎ)やかだ	flourishing / prosperity	번화하다
町(まち)	town / village	마을
幸(しあわ)せだ	happy / fortunate / lucky	행복하다 / 운이 좋다
良(い)い	good / better / best / nice	좋다
ハンサムだ	handsome	핸섬하다
可愛(かわい)い	pretty / cute	귀엽다 / 사랑스럽다
テニス	tennis	테니스
上手(じょうず)だ	good at / do well	잘하다 / 능숙하다
嫌(きら)いだ	dislike / hate	싫어하다 / 꺼리다
彼(かれ)	he	그(2인칭 대명사)
下手(へた)だ	not good at / poor / unskillful	서투르다
料理(りょうり)	cooking / food / dish	요리

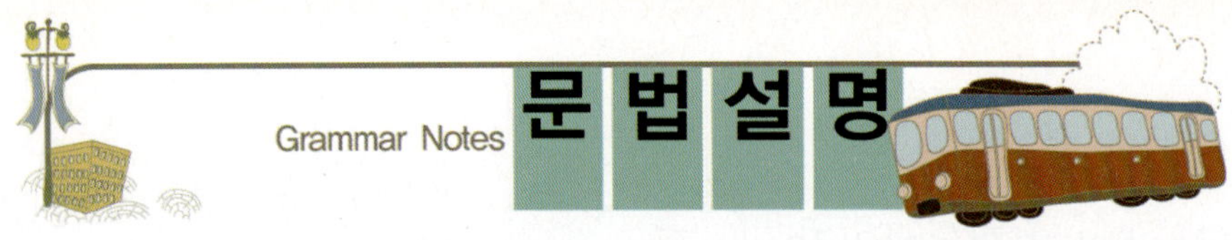

1 Na(형용동사·ナ형용사)의 활용 방법

Chapter 8에서 설명한 것과 같이 일본어의 형용사는 'A(형용사·イ형용사)'와 'Na(형용동사·ナ형용사)'로 나눌 수 있는데 여기서는 'Na(형용동사·ナ형용사)'에 관하여 학습하기로 한다.

일본어의 Na(형용동사·ナ형용사)는 어미가 「だ」로 끝난다는 특징이 있다.

예)	しずかだ	きれいだ	嫌いだ	便利だ	有名だ	上手だ	下手だ
	조용하다	예쁘다	싫어하다	편리하다	유명하다	잘하다	못하다
	quiet	pretty	hate / dislike	convenient	famous	do well	not good at

따라서 Na(형용동사·ナ형용사)를 아래와 같이 어간과 어미로 나눌 수 있다.

しずか	−	だ
Na어간		Na어미

Na어간(형용동사·ナ형용사어간)은 의미를 담당하는 부분이고, Na어미(형용동사·ナ형용사어미)는 활용하는 부분이라고 할 수 있다.

2 Na(형용동사·ナ형용사) 부정형 만드는 방법

Na(형용동사·ナ형용사)가 부정의 의미를 나타내기 위해서는 어간에 「～ではない」를 접속한다. 그리고, 정중하게 부정을 나타내는 경우는 어간에 「～ではありません」을 접속한다.

① Na(형용동사・ナ형용사) 보통부정형

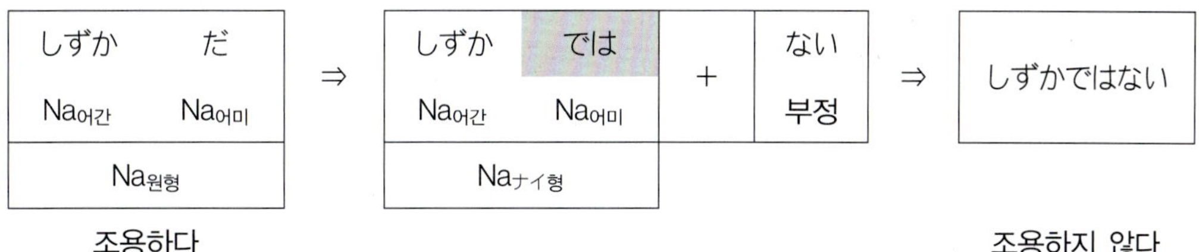

② Na(형용동사・ナ형용사) 정중부정형

3   Na(형용동사・ナ형용사) 정중형 만드는 방법

Na(형용동사・ナ형용사)에 정중의 의미를 나타내는 「〜です(〜입니다)」가 접속하는 경우는 Na어간(형용동사・ナ형용사어간)에 「です」를 접속한다. Na(형용동사・ナ형용사) 보통형은 Na원형(형용동사・ナ형용사원형)과 같다.

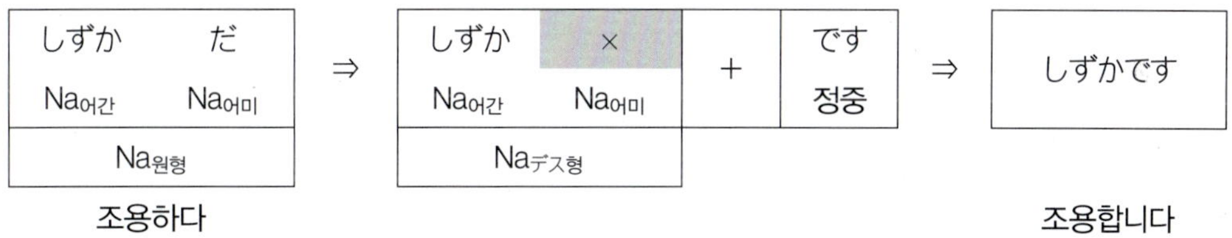

4   Na(형용동사・ナ형용사)에 N(명사)을 접속시키는 방법

Na(형용동사・ナ형용사)에 N(명사)을 접속하는 경우는 Na어미(형용동사・ナ형용사어미) 「だ」를 「な」로 바꾸고 N(명사)을 접속한다.

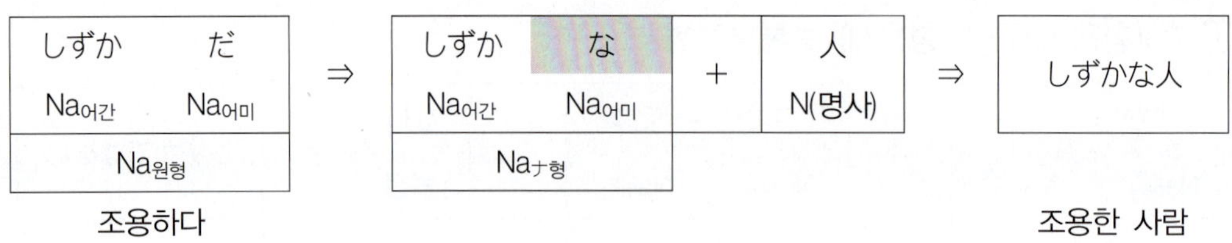

일본어의 Na(형용동사 · ナ형용사)와 N(명사)을 비교했을 때의 차이점은 N(명사)은 N(명사)과 접속할 경우「学生＋の＋時」와 같이 'N(명사)＋の＋N(명사)'의 형태로 나타나지만, Na(형용동사 · ナ형용사)는「きれい＋な＋人」와 같이 'Na어간(형용동사 · ナ형용사어간)＋な＋人'의 형태로 나타난다는 것이다. 이 점만 유의하면 Na(형용동사 · ナ형용사)의 활용은 쉽게 학습할 수 있을 것이다.

5　Na(형용동사 · ナ형용사) 과거형 만드는 방법

Na(형용동사 · ナ형용사)의 정중과거형을 나타내기 위해서는 Na어간(형용동사 · ナ형용사어간)에「です」의 과서인「でした」를 섭속한다. 보통과거형은 Na어미(형용동사 · ナ형용사어간)를「だっ」으로 바꾸고 과거를 나타내는「た」를 접속한다.

① Na(형용동사 · ナ형용사) 보통과거형

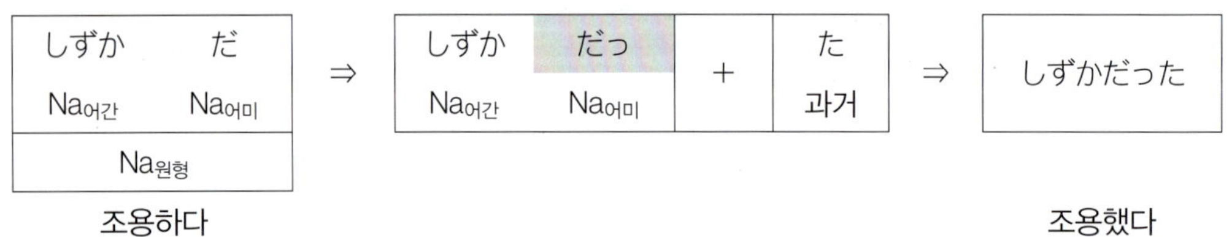

② Na(형용동사 · ナ형용사) 정중과거형

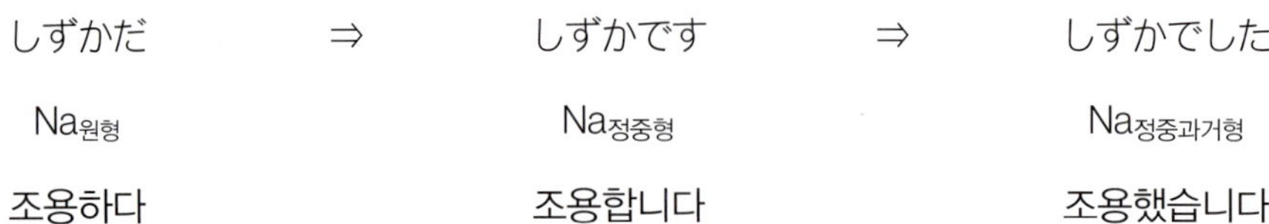

일본어의 'N(명사)+だ'와 Na(형용동사·ナ형용사)는 그 형태가 비슷하기 때문에 무엇이 'N(명사)+だ'이고 무엇이 Na(형용동사·ナ형용사)인지 구별하기 힘든 경우가 있다. 이 때 N(명사)이나 Na(형용동사·ナ형용사) 앞에 '너무' 혹은 '아주'를 접속하여 이것이 문장으로 성립하면 Na(형용동사·ナ형용사)이고 성립하지 않으면 N(명사)으로 볼 수 있다.

きれいだ ⇒　とてもきれいだ。	너무 깨끗하다.	(○) ⇒	Na(형용동사·ナ형용사)
	It is very clean.		
学生だ ⇒　とても学生だ。	너무 학생이다.	(×) ⇒	N(명사)
	look too student.		

6　〜が好きだ。　〜을/를 좋아하다.

일본어에서 '좋아하다·싫어하다' '잘하다·못하다'는 각각 「好(す)きだ・嫌(きら)いだ」「上手(じょうず)だ・下手(へた)だ」로 나타내는데, 이 때 주의해야 할 점은 우리말의 '좋아하다·싫어하다'와 일본어의 「好(す)きだ・嫌(きら)いだ」는 조사를 달리한다는 것이다.

				나는 컴퓨터를 좋아합니다.
私はパソコン		好き		I like computers.
彼女は料理		下手		그녀는 요리를 못합니다.
	が		です。	She is not good at cooking.
私は彼		嫌い		나는 그를 싫어합니다.
				I don't like him.
彼は英語		上手		그는 영어를 잘합니다.
				He speaks English very well.

즉, 우리말에서는 '〜을/를 좋아하다, 싫어하다'와 '〜을/를 잘하다, 못하다'처럼 조사 '을/를'을 사용하지만 일본어의 경우는 「〜が好(す)きだ」「〜が嫌(きら)いだ」「〜が上手(じょうず)だ」「〜が下手(へた)だ」와 같이 조사 「が」를 사용한다.
이 표현은 한국인 일본어 학습자가 자주 틀리는 표현이므로 주의할 것!!!

일본어에서 원인·이유를 나타내는 표현 중에 「〜ので」가 있다. 우리말의 '〜 때문에'에 해당한다.

明日は試験です		忙しいです。
	ので	
ここは図書館です		静かです。

내일은 시험이기 때문에 바쁩니다.
I'm busy because I have a test tomorrow.
여기는 도서관이기 때문에 조용합니다.
Here is quiet because it is a library.

문법설명단어 Grammar Notes Vocabulary

試験(しけん)	test / exam	시험
忙(いそが)しい	busy	바쁘다

1 보기와 같이 문장을 바꾸시오.

보기	この公園は静かです。 → この公園は静かではありません。

1 あの人は有名です。

　⇨ _______________________________________

2 この部屋はきれいです。

　⇨ _______________________________________

3 この町はにぎやかです。

　⇨ _______________________________________

4 地下鉄は便利です。

　⇨ _______________________________________

5 彼はハンサムです。

　⇨ _______________________________________

2 보기와 같이 문장을 만드시오.

보기	この公園は (静かだ、いい) です。 → この公園は (静かでいい) です。

1 彼は (有名だ、ハンサムだ) です。

⇨ _______________________________

2 この部屋は (きれいだ、静かだ) です。

⇨ _______________________________

3 地下鉄は (便利だ、やすい) です。

⇨ _______________________________

4 この町は (にぎやかだ、いい) です。

⇨ _______________________________

3 다음 문장을 일본어로 작문하시오.

1 휴일에는 사람이 많이 있습니다.

⇨ _______________________________

2 초밥을 좋아합니까?

⇨ _______________________________

3 나무도 많고 연못도 예뻐서 매우 좋아합니다.

⇨ ____

4 다음 문장을 듣고 빈칸에 알맞은 말을 적으시오.

きれいで(**1**)な公園ですね。いつもこのように静かですか。

いいえ、(**2**)は人がおおぜいいますので、静かではありません。

金さんはこの公園が(**3**)ですか。

木も(**4**)て池もきれいですので、とても好きです。

ここに池がありますか。

はい、この公園の池は(**5**)です。

池の中には(**6**)とカメもいます。

(**7**)ですか。私はカメが大好きです。

昨日のナンタ公演はどうでしたか。

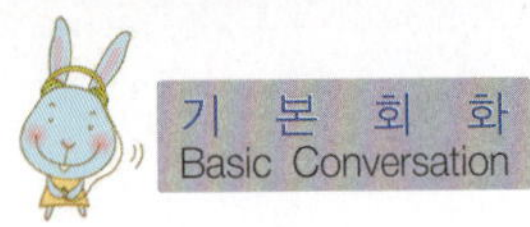

朴　　昨日のナンタ公演はどうでしたか。

田中　とても楽しかったです。素敵な公演でした。

朴　　よかったですね。ナンタは日本でも有名でしたか。

田中　いいえ、有名ではありませんでした。

朴　　そうですか。劇場はどこでしたか。

田中 　鐘路（チョンロ）にある新しい劇場でした。広くてきれいな所でした。

朴 　席も広かったですか。

田中 　いいえ、席はあまり広くありませんでした。

새로운단어 New Vocabulary

昨日(きのう)	yesterday	어제
公演(こうえん)	performance / show	공연
とても	very	매우
楽(たの)しい	happy / nice / good / pleasant	즐겁다
素敵(すてき)だ	wonderful / lovely	훌륭하다 / 멋지다
良(い)い	good	좋다
有名(ゆうめい)だ	famous / well known	유명하다
劇場(げきじょう)	theater / cinema	극장
新(あたら)しい	new / fresh	새롭다
所(ところ)	place / location	곳 / 장소
席(せき)	seat	좌석
あまり	no + very well	별로 / 그다지

기본문형 Basic Sentence

1 | A보통과거형

A원형	A어간		A어미	과거		A보통과거형
広い	ひろ					広かった
長い	なが	+	かっ	+ た	⇒	長かった
古い	ふる					古かった
高い	たか					高かった

2 | A보통부정과거형

A보통부정형	A보통부정형어간		A보통부정형어미	과거		A보통부정과거형
広くない	ひろくな					広くなかった
長くない	ながくな	+	かっ	+ た	⇒	長くなかった
古くない	ふるくな					古くなかった
高くない	たかくな					高くなかった

3 | A정중과거형

A보통과거형		정중		A정중과거형
広かった				広かったです
長かった	+	です	⇒	長かったです
古かった				古かったです
高かった				高かったです

4 | A정중부정과거형

Aナイ형	정중부정	정중		A정중부정과거형
広く		広くありませんです		広くありませんでした
長く ＋ ありません ＋ です	⇒	長くありませんです	⇒	長くありませんでした
古く		古くありませんです		古くありませんでした
高く		高くありませんです		高くありませんでした

5 | Na보통과거형

Na원형	Na어간		Na어미	과거		Na보통과거형
有名だ	ゆうめい					有名だった
静かだ	しずか	＋	だっ	＋ た	⇒	静かだった
きれいだ	きれい					きれいだった
真面目だ	まじめ					真面目だった

6 | Na보통부정과거형

Na보통부정형	A보통부정형어간		A보통부정형어미	과거		A보통부정과거형
有名ではない	有名ではな					有名ではなかった
静かではない	静かではな	＋	かっ	＋ た	⇒	静かではなかった
きれいではない	きれいではな					きれいではなかった
真面目ではない	真面目ではな					真面目ではなかった

7 | Na정중과거형

Na원형	Na어간	정중과거		Na정중과거형
有名だ	ゆうめい			有名でした
静かだ	しずか	+ でした ⇒		静かでした
きれいだ	きれい			きれいでした
真面目だ	まじめ			真面目でした

8 | Na정중부정과거형

有名ではありませんでした		有名ではなかったです
静かではありませんでした	or	静かではなかったです
きれいではありませんでした		きれいではなかったです
まじめではありませんでした		まじめではなかったです

9 | N보통과거형

N				과거		N보통과거형
学生						学生だった
リンゴ	+	だっ	+	た	⇒	リンゴだった
韓国語						韓国語だった
日本語						日本語だった

10 | N보통부정과거형

N보통부정형	N보통부정형어간	N보통부정형어미	과거	N보통부정과거형
学生ではない	学生ではな			学生ではなかった
リンゴではない	リンゴではな	+ かっ	+ た ⇒	リンゴではなかった
韓国語ではない	韓国語ではな			韓国語ではなかった
日本語ではない	日本語ではな			日本語ではなかった

11 | N정중과거형

N	정중과거	N정중과거형
学生		学生でした
リンゴ	+ でした ⇒	リンゴでした
韓国語		韓国語でした
日本語		日本語でした

12 | N정중부정과거형

学生ではありませんでした		学生ではなかったです
リンゴではありませんでした		リンゴではなかったです
韓国語ではありませんでした	or	韓国語ではなかったです
日本語ではありませんでした		日本語ではなかったです

기본문형단어 Basic Sentence Vocabulary

長(なが)い	long	길다
古(ふる)い	old	오래되다 / 낡다
真面目(まじめ)だ	serious / honest / diligent	진지하다 / 성실하다

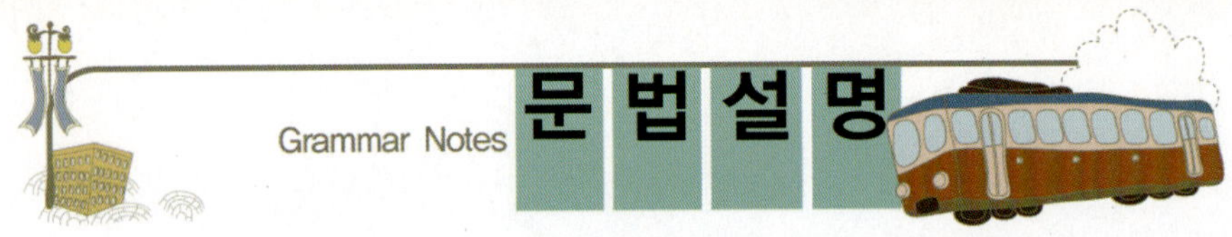

1 A(형용사 · イ형용사) 과거형 만드는 방법

일본어 A(형용사 · イ형용사)는 A정중과거형과 A보통과거형을 만들 수 있다. 먼저 A(형용사 · イ형용사)의 A정중과거형을 만드는 방법은 다음과 같다.

A원형	A보통과거형	A정중과거형
広い	広かった	広かったです

위의 표와 같이 기본형인 「広い(넓다)」를 정중한 형태의 과거형인 '넓었습니다'로 만들기 위해서는 어미 「い」를 「かった」로 바꾸고, 「です」를 첨가한다.

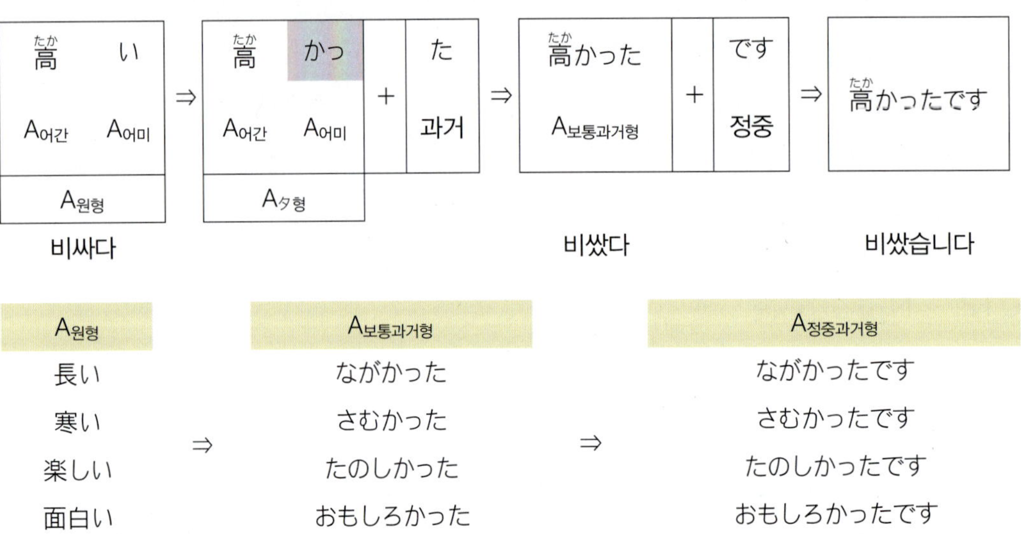

A원형	A보통과거형	A정중과거형
長い	ながかった	ながかったです
寒い	さむかった	さむかったです
楽しい	たのしかった	たのしかったです
面白い	おもしろかった	おもしろかったです

2 Na(형용동사 · ナ형용사)와 N(명사) 과거형 만드는 방법

일본어의 Na(형용동사 · ナ형용사)와 N(명사)은 N(명사)을 수식하는 경우를 제외하고는 모두 같은 활용을 한다. 따라서 정중과거형과 보통과거형을 만드는 방법 또한 동일하다.

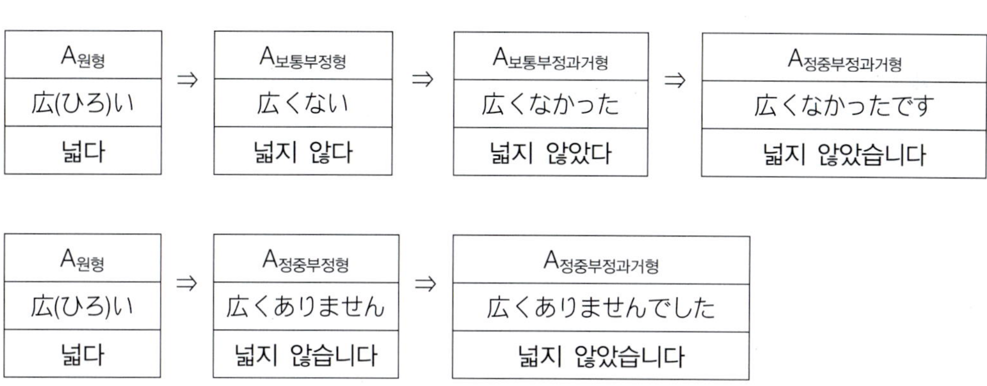

위의 표와 같이 Na인「きれいだ」와 N(명사)「学生」를 정중한 형태의 과거형인 '예뻤습니다'와 '학생이었습니다'로 만들기 위해서는 Na원형인「きれいだ」는 Na어간에「でした」를 접속하고, N(명사)「学生」는 N(명사)「学生」에「でした」를 접속하면 된다.

3　A(형용사・イ형용사) 부정과거형 만드는 방법

A(형용사・イ형용사)「広い(넓다)」의 보통부정형은「広くない」이고 보통부정과거형은「広くなかった」이다. 이것을 정중한 표현으로 바꾸면「広くなかったです」가 된다.
또한, A(형용사・イ형용사)「広い(넓다)」의 정중부정형은「広くありません」이며 이것의 과거형은「広くありませんでした」가 된다.

1 다음 문장을 보기와 같이 과거형으로 만드시오.

보기	楽しいです。　　　　　→ 楽しかったです。 楽しくありません。　→ 楽しくありませんでした。/ 楽しくなかったです。

1 席も広いです。

　⇨ ________________________________

2 今日は暑くありません。

　⇨ ________________________________

3 私は会社員です。

　⇨ ________________________________

4 大学生ではありません。

　⇨ ________________________________

5 彼女はきれいです。

　⇨ ________________________________

6 バスは便利ではありません。

　⇨ ________________________________

2 보기와 같이 주어진 형용사를 괄호 안에 알맞은 형태로 넣으시오.

보기	(新しい)劇場でした。 <新しい> ナンタは(素敵な)公演でした。 <素敵だ>

1 (　　　　)コーヒーはどうですか。　　　　　　　　　　　<おいしい>

2 ここから一番(　　　　)駅はどこですか。　　　　　　　　<近い>

3 金さんは(　　　　　)花が好きです。　　　　　　　　　　<きれいだ>

4 上野には(　　　　)公園があります。　　　　　　　　　　<有名だ>

5 東京には(　　　　)建物がたくさんあります。　　　　　　<大きい>

3 다음 문장을 일본어로 작문하시오.

1 넓고 깨끗한 곳이었습니다.

　⇨ ____

2 좌석은 그다지 넓지 않았습니다.

　⇨ ____

3 극장은 어디였습니까?

　⇨ ____

4 매우 즐거웠습니다.

　⇨ ____

昨日のナンタ(**1**)はどうでしたか。

とても楽しかったです。(**2**)公演でした。

よかったですね。ナンタは日本でも有名でしたか。

いいえ、有名ではありませんでした。

そうですか。(**3**)はどこでしたか。

鐘路（チョンロ）にある新しい（あたら）劇場でした。(**4**)て(**5**)な所（ところ）でした。

席（せき）も(**6**)ですか。

いいえ、席はあまり広くありませんでした。

chapter 11

大学路へ行きます。

기 본 회 화
Basic Conversation

李 　鈴木さん、今どこへ行きますか。

鈴木 　大学路へ行きます。

　　　学校から大学路まではどのぐらいかかりますか。

李 　そうですね。バスで1時間ぐらいかかります。

　　　大学路で何をしますか。

鈴木 　妹と映画を見ます。その後、ビビンパを食べます。

李　　妹さんとよく映画を見ますか。

鈴木　　はい、よく見ます。オペラやミュージカルや演劇なども妹とよく
　　　　見ます。

李　　妹さんと仲がいいですね。

새로운단어 New Vocabulary

行(い)く	go	가다
学校(がっこう)	school	학교
～くらい /～ぐらい	about / around	～정도
かかる	take	(시간이) 걸리다
する	do	하다
映画(えいが)	movie	영화
見(み)る	see / look / watch	보다
後(あと)	after / behind	후 / 뒤
食(た)べる	eat	먹다
妹(いもうと)	younger sister	여동생
オペラ	opera	오페라
～や	and	～와 / ～과
演劇(えんげき)	play	연극
ミュージカル	musical	뮤지컬
仲(なか)	relations	사이
～など	and so on / etc	～등

기본문형 Basic Sentence

1| V(동사) + ます

5단동사(I류동사)			1단동사(II류동사)			변격동사(III류동사)		
V원형	Vマス형	정중	V원형	Vマス형	정중	V원형	Vマス형	정중
行(い)く 書(か)く 読(よ)む 乗(の)る ⇒	いき かき よみ のり	+ ます	起(お)きる 食(た)べる いる ⇒	おき たべ い	+ ます	する 来(く)る ⇒	し き	+ ます

	学校へ	行き	
5단동사 (I류동사)	日記を	書き	
	本を	読み	
	バスに	乗り	
1단동사 (II류동사)	7時に	起き	ます。
	メロンを	食べ	
변격동사 (III류동사)	勉強を	し	
	電車が	来(き)	

2| Q：どこへ行きますか。　　A：Nへ行きます。

Q：どこへ行きますか。　　A：
会社
日本語学校
公園
大学
へ　行きます。

3 Nで行きます。

バス		
地下鉄	で	行きます。
飛行機		
電車		

4 Q：どのぐらいかかりますか。
A：N ＋ で ＋ N ＋ ぐらい ＋ かかります。

Q：どのぐらいかかりますか。　A：

電車		1時間	
飛行機	で	2時間	ぐらい　かかります。
バス		30分	
船		3時間	

5 ～や～や～など(が)

りんご		梨		みかん		
赤	や	青	や	白	など　が　あります。	
カメラ		携帯電話		メガネ		
本		鉛筆		ノート		

書(か)く	write	쓰다
起(お)きる	get up / wake up	일어나다
来(く)る	come	오다
日記(にっき)	diary	일기
メロン	melon	멜론
みかん	mandarin / orange / tangerine	귤
勉強(べんきょう)	study	공부
電車(でんしゃ)	train	전차
船(ふね)	ship / boat	배
青(あお)	blue	파란색
赤(あか)	red	빨간색
白(しろ)	white	흰색
カメラ	camera	카메라
携帯電話(けいたいでんわ)	cellphone / mobile phone	휴대전화

1 일본어의 V(동사)

일본어의 동사는 크게 '5단동사(I류동사)' '1단동사(II류동사)' '변격동사(III류동사)'로 나눌 수 있고, '1단동사'는 다시 '상1단동사'와 '하1단동사'로 나눌 수 있다.

	- 5단동사(I류동사)	
일본어의 동사	- 1단동사(II류동사)	- 상1단동사 - 하1단동사
	- 변격동사(III류동사)	

일본어 동사의 특징은 어미가 'ウ단'으로 끝난다는 것이다.

あ단 →	あ	か	が	さ	た	な	は	ば	ま	や	ら	わ
い단 →	い	き	ぎ	し	ち	に	ひ	び	み		り	
う단 →	う	く	ぐ	す	つ	ぬ	ふ	ぶ	む	ゆ	る	
え단 →	え	け	げ	せ	て	ね	へ	べ	め		れ	
お단 →	お	こ	ご	そ	と	の	ほ	ぼ	も	よ	ろ	を

会う	書く	泳ぐ	隠す	待つ	死ぬ	遊ぶ	飲む	食べる
a-u	ka-ku	oyo-gu	kaku-su	ma-tsu	shi-nu	aso-bu	no-mu	tabe-ru
만나다	쓰다	헤엄치다	숨기다	기다리다	죽다	놀다	마시다	먹다

2 변격동사(III류동사)

일본어의 변격동사(III류동사)에는 「する(하다)」와 「来る(くる)(오다)」 2개뿐이다. 변격동사는 어간이 변화하는 불규칙동사이기 때문에 활용을 다 암기해야 한다.

변격동사 활용표

활용형	する			来(く)る		
	활용	접속예	의미	활용	접속예	의미
Vナイ형	し	ない	하지 않다	こ	ない	오지 않다
Vマス형	し	ます	합니다	き	ます	옵니다
V원형	す る	○	하다	く る	○	오다
V명사접속형	す る	とき	할 때	く る	とき	올 때
Vバ형	す れ	ば	하면	く れ	ば	오면
Vウ형	し	よう	해야지 / 하자	こ	よう	와야지 / 오자

<table>
<tr><td>**3**</td><td>1단동사(Ⅱ류동사)</td></tr>
</table>

'1단동사(Ⅱ류동사)'는 다시 '상1단동사'와 '하1단동사'로 나눌 수 있는데 '1단동사'를 다른 동사와 구별하는 방법은 다음과 같다.

① V어미(동사어미)가「る」로 끝나야 한다.

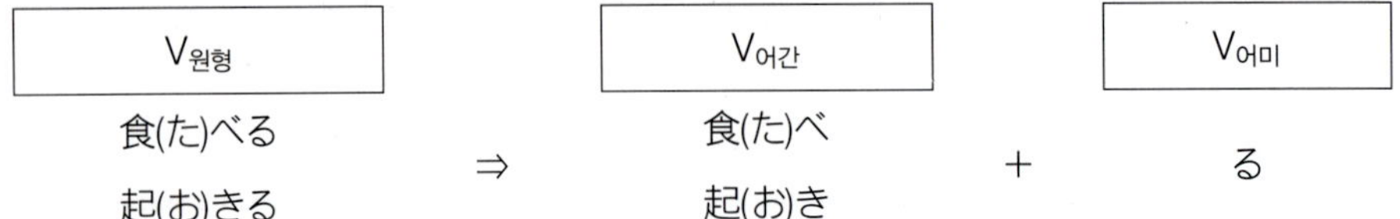

②「る」의 전항은 항상 'イ단'이나 'エ단'이어야 한다.

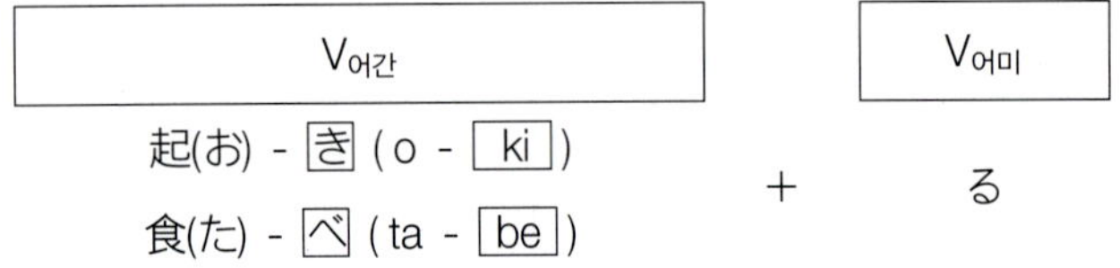

예 起(お)きる :「起きる」는 V원형(동사원형)이「る」로 끝나고 있으며「る」의 전항이「き」이다. 「き」는 'カ행'의 'イ단'에 속한다.

예 食(た)べる :「食べる」는 V원형(동사원형)이「る」로 끝나고 있으며「る」의 전항이「べ」이다. 「べ」는 'バ행'의 'エ단'에 속한다.

즉, 'ウ단'을 기준으로 볼 때 「起きる」의 「き」는 「く」의 위에 있기 때문에 '상1단동사', 「ベ」는 「ぶ」의 아래에 있기 때문에 '하1단동사'라고 하는 것이다.

4 　1단동사(Ⅱ류동사) 활용 방법

① 1단동사 부정형 만드는 방법

1단동사 「起きる」의 부정형을 만들 때에는 「起きる」의 어미 「る」를 탈락시키고 부정의 의미를 나타내는 「ない」를 접속시킨다.

V원형		V ナイ형		부정		V보통부정형	
食べる　먹다	⇒	たべ	+	ない	⇒	たべない	먹지 않다
いる　있다		い				いない	없다

② 1단동사 정중형 만드는 방법

N(명사), A(형용사・イ형용사), Na(형용동사・ナ형용사)의 정중형은 「です」를 접속시키는 데 비해 V(동사)는 「ます」를 접속시켜 정중형을 만든다.

1단동사 「起きる」의 정중형은 「起きる」의 어미 「る」를 탈락시키고 정중의 의미를 나타내는 「ます」를 접속시킨다.

V원형		V マス형		정중		V정중형	
食べる	⇒	たべ	+	ます	⇒	たべます	먹습니다
いる		い				います	있습니다

③ 1단동사에 N(명사)을 접속시키는 방법

1단동사 「起きる」에 N(명사)을 접속시키는 방법은 V원형(동사원형) 「起きる」에 N(명사)를 접속시킨다.

V원형		V원형		N(명사)		V명사접속형
食べる	⇒	たべる	+	時	⇒	たべる時　먹을 때
いる		いる				いる時　있을 때

④ 1단동사에 가정의 의미를 나타내는 「バ」를 접속시키는 방법

1단동사 「起きる」에 가정의 의미를 나타내는 「バ」를 접속시키는 방법은 「起きる」의 어미 「る」를 「れ」로 바꾸고 「ば」를 접속시킨다.

V원형		Vバ형		バ		V가정형
食べる	⇒	たべれ	+	ば	⇒	たべれば　먹으면
いる		いれ				いれば　있으면

⑤ 1단동사에 의지/권유의 의미를 나타내는 「ウ」를 접속시키는 방법

1단동사 「起きる」에 의지/권유의 의미를 나타내는 「ウ」를 접속시키는 방법은 「起きる」의 어미 「る」를 탈락시키고 「よう」를 접속시킨다.

V원형		Vウ형		(ヨ)ウ		V의지 / 권유형
食べる	⇒	たべ	+	よう	⇒	たべよう　먹어야지 / 먹자
いる		い				いよう　있어야지 / 있자

1단동사 활용표

활용형	起(お)きる			食(た)べる		
	활용	접속예	의미	활용	접속예	의미
Vナイ형	起き	ない	일어나지 않다	食べ	ない	먹지 않다
Vマス형	起き	ます	일어납니다	食べ	ます	먹습니다
V원형	起きる	○	일어나다	食べる	○	먹다
V명사접속형	起きる	とき	일어날 때	食べる	とき	먹을 때
Vバ형	起きれ	ば	일어나면	食べれ	ば	먹으면
Vウ형	起き	よう	일어나야지 / 일어나자	食べ	よう	먹어야지 / 먹자

'1단동사(II류동사)'와 '변격동사(III류동사)' 이외의 동사는 모두 '5단동사(I류동사)'라고 볼 수 있다. '5단동사'는 「行(い)く, 飲(の)む, 書(か)く, 話(はな)す」 등이 있으며, 동사 중 그 수가 가장 많다.

'5단동사'는 어미가 「ア단/イ단/ウ단/エ단/オ단」의 5단에 걸쳐 활용하기 때문에 '5단동사'라고 한다.

| 6 | 5단동사(I류동사) 활용 방법 |

① 5단동사 부정형 만드는 방법

'5단동사' 「飲む」의 부정형을 만드는 방법은 「飲む」의 어미를 「ア단」인 「ま」로 바꾸고 「ない」를 접속시킨다.

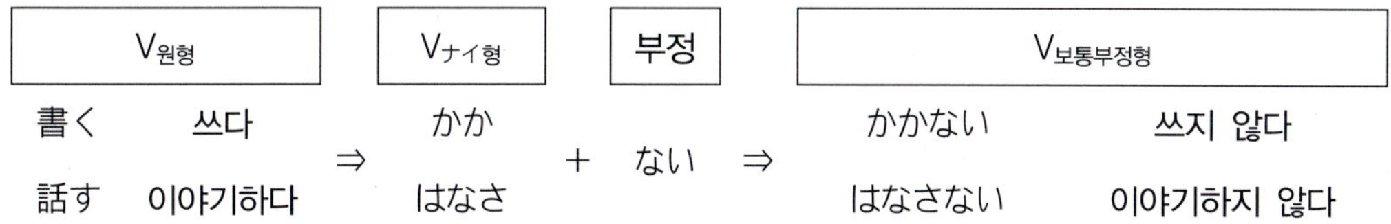

② 5단동사 정중형 만드는 방법

5단동사 「飲む」의 정중형을 만드는 방법은 「飲む」의 어미를 「イ단」인 「み」로 바꾸고 「ます」를 접속시킨다.

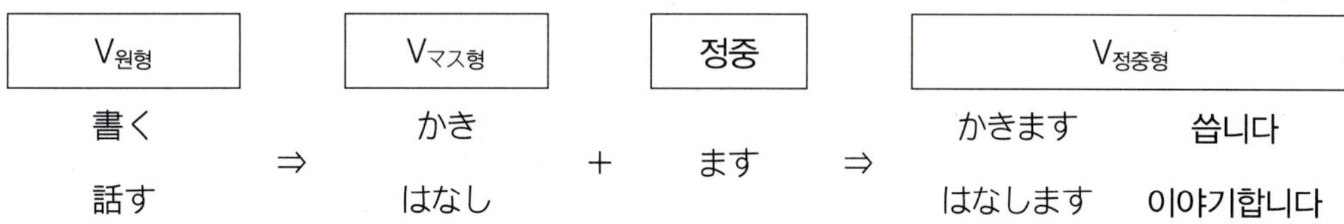

③ 5단동사에 N(명사)을 접속시키는 방법

5단동사 「飲む」에 N(명사)을 접속시키는 방법은 V원형 「飲む」에 N(명사)을 접속시킨다.

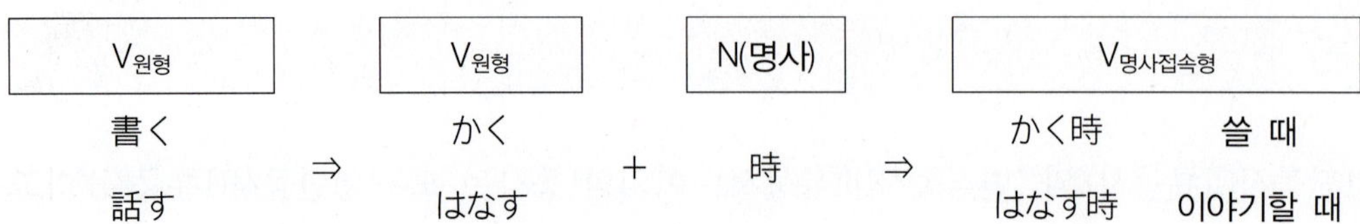

<table>
<tr><td>V원형</td><td></td><td>V원형</td><td></td><td>N(명사)</td><td></td><td colspan="2">V명사접속형</td></tr>
<tr><td>書く</td><td rowspan="2">⇒</td><td>かく</td><td rowspan="2">+</td><td rowspan="2">時</td><td rowspan="2">⇒</td><td>かく時</td><td>쓸 때</td></tr>
<tr><td>話す</td><td>はなす</td><td>はなす時</td><td>이야기할 때</td></tr>
</table>

④ 5단동사에 가정의 의미를 나타내는「バ」를 접속시키는 방법

5단동사「飲む」에 가정의 의미를 나타내는「バ」를 접속시킬 때는「飲む」의 어미를「エ단」인「め」로 바꾸고「ば」를 접속시킨다.

<table>
<tr><td>V원형</td><td></td><td>Vバ형</td><td></td><td>バ</td><td></td><td colspan="2">V가정형</td></tr>
<tr><td>書く</td><td rowspan="2">⇒</td><td>かけ</td><td rowspan="2">+</td><td rowspan="2">ば</td><td rowspan="2">⇒</td><td>かけば</td><td>쓰면</td></tr>
<tr><td>話す</td><td>はなせ</td><td>はなせば</td><td>이야기하면</td></tr>
</table>

⑤ 5단동사에 의지/권유의 의미를 나타내는「ウ」를 접속시키는 방법

5단동사「飲む」에 의지/권유의 의미를 나타내는「ウ」를 접속시키는 방법은「飲む」의 어미를「オ단」인「も」로 바꾸고「ウ」를 접속시킨다.

<table>
<tr><td>V원형</td><td></td><td>Vウ형</td><td></td><td>ウ</td><td></td><td colspan="2">V의지/권유형</td></tr>
<tr><td>書く</td><td rowspan="2">⇒</td><td>かこ</td><td rowspan="2">+</td><td rowspan="2">う</td><td rowspan="2">⇒</td><td>かこう</td><td>써야지 / 쓰자</td></tr>
<tr><td>話す</td><td>はなそ</td><td>はなそう</td><td>이야기해야지 / 이야기하자</td></tr>
</table>

5단동사 활용표

활용형	書(か)く			飲(の)む			
	활용	접속예	의미	활용	접속예	의미	
Vナイ형	書 か	ない	쓰지 않다	飲 ま	ない	마시지 않다	ア단
Vマス형	書 き	ます	씁니다	飲 み	ます	마십니다	イ단
V원형	書 く	○	쓰다	飲 む	○	마시다	ウ단
V명사접속형	書 く	とき	쓸 때	飲 む	とき	마실 때	ウ단
Vバ형	書 け	ば	쓰면	飲 め	ば	마시면	エ단
Vウ형	書 こ	う	써야지 / 쓰자	飲 も	う	마셔야지 / 마시자	オ단

장소를 나타내는 N(명사) 후항에 나타나는 조사「で」는 우리말의 '～에서'의 의미를 나타
낸다. 이와 같이 장소를 나타내는 N(명사) 후항에「で」가 쓰이는 경우 주의해야 할 것은
「で」후항에 나타나는 동사는 동작성을 가지고 있어야 한다는 것이다.

ここ	で	会います。	여기에서 만납니다.	Let's meet here.	○
	に				×
居酒屋	で	飲みます。	술집에서 마십니다.	I drink at a bar.	○
	に				×

이동수단을 나타내는 자동차, 버스, 비행기 등의 N(명사) 뒤에「で+行く・来る」의 형태
가 오면 조사「で」는 '～로 / ～를 이용하여'라는 수단의 의미로 해석된다.

ソウルからバスで来ます。　　서울에서 버스로 옵니다.　　I come here from Seoul by bus.
福岡まで飛行機で行きます。　후쿠오카까지 비행기로 갑니다.

I go to Hukuoka by an airplane.

「～や～や～など」의 표현은 우리말의 '～과/와 ～과/와 ～등'과 같이 열거할 때 사용한
다.「～と～と」는 한정된 것을 열거할 때 사용되지만,「～や～や～など」는 '그것 이외에
다른 것이 있다'라고 하는 의미를 나타낸다.

문법설명단어 Grammar Notes Vocabulary

会(あ)う	meet	만나다
泳(およ)ぐ	swim	헤엄치다
隠(かく)す	hide / cover	숨기다
話(はな)す	speak	이야기하다
待(ま)つ	wait	기다리다
起(お)きる	get up / wake up	일어나다
死(し)ぬ	die	죽다
居酒屋(いざかや)	bar / pub	술집
飲(の)む	drink	마시다
福岡(ふくおか)	Hukuoka	후쿠오카
病院(びょういん)	hospital / clinic	병원

1 다음 괄호 안에 알맞은 조사를 넣으시오.

① 학교에 갑니다.

学校(　　　)行きます。

② 회사는 버스로 갑니다.

会社はバス(　　　)行きます。

③ 한 시간 정도 걸립니다.

1時間(　　　)かかります。

④ 대학로에서 무엇을 합니까?

大学路(　　　)何をしますか。

⑤ 오페라와 뮤지컬과 연극 등도 여동생과 자주 봅니다.

オペラ(　　　)ミュージカル(　　　)演劇(　　　)も妹とよく見ます。

2 보기와 같이 주어진 동사를 괄호 안에 알맞은 형태로 넣으시오.

보기	大学路へ(行き)ます。	〈行く〉

① 田中さんはここまでバスで(　　　)ますか。　　　　　〈来る〉

② お部屋をきれいに(　　　)ます。　　　　　〈する〉

③ 朝早く(　　　)ますか。　　　　　〈起きる〉

④ 夜遅くまで友だちと映画を(　　　)ます。　　　　　〈見る〉

5 その後、ビビンパを（　　　）ます。　　　　　　　　　　　　〈食べる〉

6 教室の中に誰か（　　　）ますか。　　　　　　　　　　　　〈いる〉

7 お酒は（　　　）ません。　　　　　　　　　　　　　　　　〈飲む〉

8 この建物には銀行が（　　　）ません。　　　　　　　　　　〈ある〉

9 今からレポートを（　　　）ます。　　　　　　　　　　　　〈書く〉

10 食堂で友だちを（　　　）ます。　　　　　　　　　　　　　〈待つ〉

3 다음 문장을 일본어로 작문하시오.

1 버스로 학교에 갑니다.

⇨ ____

2 서울에서 후쿠오카까지 비행기로 2시간 정도 걸립니다.

⇨ ____

3 대학로에서 여동생과 난타공연을 봅니다.

⇨ ____

4 다음 문장을 듣고 빈칸에 알맞은 말을 적으시오.

鈴木さん、今（いま）どこへ（ **1** 　　　　）ますか。

大学路へ行（い）きます。（ **2** 　　　　）から大学路（ **3** 　　　　）はどのぐらいかかり

ますか。

そうですね。バス（ **4** 　　　　）1時間（じかん）ぐらいかかります。大学路で何をしますか。

妹（いもうと）と映画（えいが）を（ **5** 　　　　）ます。その後（あと）、ビビンパを（ **6** 　　　　）ます。

妹さんとよく映画を見ますか。

はい、よく見ます。オペラやミュージカルや演劇（えんげき）し（ **7** 　　　　）も妹とよく見

ます。

妹さんと仲（なか）がいいですね。

chapter 12

一緒に図書館へ勉強しに行きませんか。

기 본 회 화
Basic Conversation

南　朴さん、こんばんは。お久しぶりです。

朴　ああ、南さん。こんばんは。お久しぶりです。

南　中間テストはもう終わりましたか。

朴　いいえ、明日は英語の試験があります。

南　私も明日、韓国語の試験があります。

朴　そうですか。それでは、一緒に図書館へ勉強しに行きませんか。

南　それはいいですね。

새로운단어 New Vocabulary

一緒(いっしょ)	together	같이
お久(ひさ)しぶり	long time no see	오래간만
中間(ちゅうかん)	middle	중간
テスト	test / exam	테스트
もう	now / already / again	이제 / 이미 / 벌써 / 또 / 다시 / 더
終(お)わる	finish / end	끝나다
試験(しけん)	test / exam	시험
それでは	so / then / well	그럼
図書館(としょかん)	library	도서관
勉強(べんきょう)する	study	공부하다

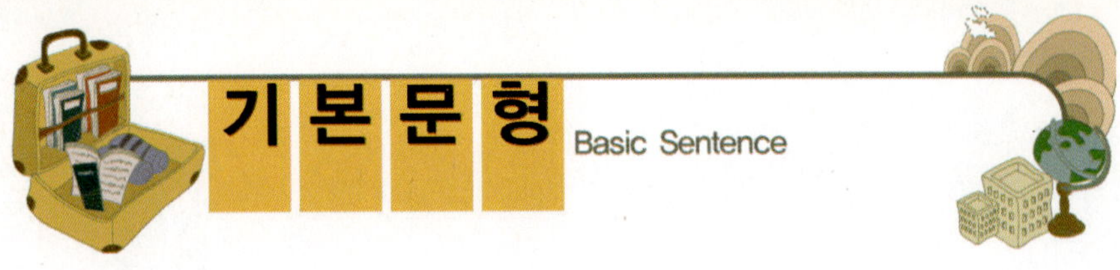

기본문형 Basic Sentence

1 | V정중과거형

동사종류	V원형		V정중형			V정중과거형		
			V마스형	+	정중	V마스형	+	정중과거
5단동사	会う 行く 飲む 待つ 乗る	만나다 가다 마시다 기다리다 타다	あい いき のみ まち のり	+	ます	あい いき のみ まち のり	+	ました
1단동사	起きる 食べる	일어나다 먹다	おき たべ			おき たべ		
변격동사	する 来る	하다 오다	し き			し き		

2 | V정중부정형

동사종류	V원형		V정중형			V정중부정형		
			V마스형	+	정중	V마스형	+	정중부정
5단동사	会(あ)う 行(い)く 飲(の)む 待(ま)つ 乗(の)る		あい いき のみ まち のり	+	ます	あい いき のみ まち のり	+	ません
1단동사	起(お)きる 食(た)べる		おき たべ			おき たべ		
변격동사	する 来(く)る		し き			し き		

동사종류	V원형	V정중부정형		V정중부정과거형		
		V마스형	정중부정	V정중부정형		정중과거
5단동사	会(あ)う 行(い)く 飲(の)む 待(ま)つ 乗(の)る	あい いき のみ まち のり	+ ません	あいません いきません のみません まちません のりません	+	でした
1단동사	起(お)きる 食(た)べる	おき たべ		おきません たべません		
변격동사	する 来(く)る	し き		しません きません		

동사종류	V원형	V정중부정형		V정중부정권유형		
		V마스형	정중부정	V정중부정형		의문
5단동사	会(あ)う 行(い)く 飲(の)む 待(ま)つ 乗(の)る	あい いき のみ まち のり	+ ません	あいません いきません のみません まちません のりません	+	か
1단동사	起(お)きる 食(た)べる	おき たべ		おきません たべません		
변격동사	する 来(く)る	し き		しません きません		

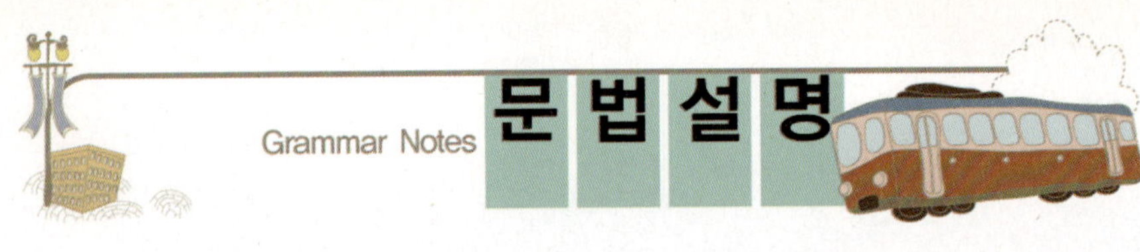

1 ～に行く/来る。 ～하러 가다/오다.

Vマス형에 조사「に」가 접속하고 후항에「行く/来る」등과 같은 이동의 의미를 나타내는 V(동사)가 오면, 이때의 조사「に」는 목적을 나타내며「～に行く/来る」는 '～을 하러 가다/오다'의 의미를 나타낸다. 또한 조사「に」전항에 동작성 명사가 올 경우「買い物に 行く(쇼핑하러 가다)」와 같이 명사를 바로 접속시켜 '～을 하러 가다/오다'의 의미를 나타낼 수 있다.

접속 :	Vマス형 + に + 行く/来る
	동작성 명사 + に + 行く/来る

동사종류	동사		Vマス형	+	～に行く/来る			의미
5단동사	会(あ)う	만나다	あい	+	に行く	⇒	あいに行く	만나러 가다
	書(か)く	쓰다	かき				かきに行く	쓰러 가다
	飲(の)む	마시다	のみ				のみに行く	마시러 가다
1단동사	調(しら)べる	조사하다	しらべ				しらべに行く	조사하러 가다
변격동사	する	하다	し				しに行く	하러 가다

	동작성 명사	동작성 명사	+	～に行く/来る			의미
동작성 명사	買い物	쇼핑	買い物	+	に行く	⇒	買い物に行く	쇼핑하러 가다

2 V정중과거형 만드는 방법

V정중형의 과거는 Vマス형에「ました」를 접속시킨다.

동사종류	V원형		V정중형			V정중형과거형		
			Vマス형	+	정중	Vマス형	+	정중과거
5단동사	言(い)う	말하다	いい			いい		
	書(か)く	쓰다	かき			かき		
	嚙(か)む	씹다	かみ			かみ		
	立(た)つ	일어서다	たち			たち		
	選(えら)ぶ	고르다	えらび	+	ます	えらび	+	ました
1단동사	着(き)る	입다	き			き		
	植(う)える	심다	うえ			うえ		
변격동사	する	하다	し			し		
	来(く)る	오다	き			き		

V(동사)에 정중의 의미를 부여하는 「ます」의 부정 「ません」을 과거로 만들기 위해서는 「ません」에 「でした」를 접속시키면 된다.

동사종류	V원형		V정중부정형		V정중부정과거형			
		Vマス형		정중부정	V정중부정형	정중과거	⇒	V정중부정과거형
5단동사	言(い)う	いい			いいません			いいませんでした
	書(か)く	かき			かきません			かきませんでした
	嚙(か)む	かみ			かみません			かみませんでした
	立(た)つ	たち			たちません			たちませんでした
	選(えら)ぶ	えらび	+	ません	えらびません	+ でした	⇒	えらびませんでした
1단동사	着(き)る	き			きません			きませんでした
	植(う)える	うえ			うえません			うえませんでした
변격동사	する	し			しません			しませんでした
	来(く)る	き			きません			きませんでした

買(か)い物(もの)	shopping	쇼핑
書(か)く	write	쓰다
言(い)う	say / tell	말하다
噛(か)む	bite / chew / nip	씹다
選(えら)ぶ	choose / select	고르다
着(き)る	wear / dress / put on	입다
植(う)える	plant / sow / corn	심다

1 보기와 같이 다음 질문에 답하시오.

보기	中間テストは終わりましたか。 → はい、中間テストは終わりました。

① 昨日ナンタ公演を見ましたか。

⇨ はい、＿＿＿＿＿＿＿＿＿＿＿＿＿＿＿＿＿＿＿＿＿＿

② レポートは書きましたか。

⇨ はい、＿＿＿＿＿＿＿＿＿＿＿＿＿＿＿＿＿＿＿＿＿＿

③ 昨日映画館へ行きましたか。

⇨ はい、＿＿＿＿＿＿＿＿＿＿＿＿＿＿＿＿＿＿＿＿＿＿

④ 夕食は食べましたか。

⇨ はい、＿＿＿＿＿＿＿＿＿＿＿＿＿＿＿＿＿＿＿＿＿＿

2 보기와 같이 주어진 동사를 괄호 안에 알맞은 형태로 넣으시오.

보기	図書館へ（勉強し）に行きます。	＜勉強する＞

① 居酒屋へお酒を（　　　）に行きます。　　　　　　　＜飲む＞

② 映画館に映画を（　　　）に来ました。　　　　　　　＜見る＞

③ デパートへかばんを（　　　）に行きました。　　　　＜買う＞

4 公園へ（　　　）に行きます。　　　　　　　　　　　　＜散歩する＞

5 友だちの家へ（　　　）に行きます。　　　　　　　　　＜遊ぶ＞

3 다음 문장을 일본어로 작문하시오.

1 같이 비빔밥을 먹지 않겠습니까?

⇨ ____

2 어제는 도서관에 공부하러 갔습니다.

⇨ ____

3 그것 좋네요.

⇨ ____

4 다음 문장을 듣고 빈칸에 알맞은 말을 적으시오.

朴さん、こんばんは。（ **1**　　　　　　　）です。

ああ、南さん。こんばんは。お久しぶりです。

中間テストはもう（ **2**　　　　　　　）ましたか。

いいえ、明日は英語の（ **3**　　　　　　）があります。

私も明日、（ **4**　　　　　　　）の試験があります。

そうですか。それでは、（ **5**　　　　　　）に図書館へ（ **6**　　　　　　）に行きませんか。

それはいいですね。

메모노트

旅行をしながら、写真が撮りたいです。

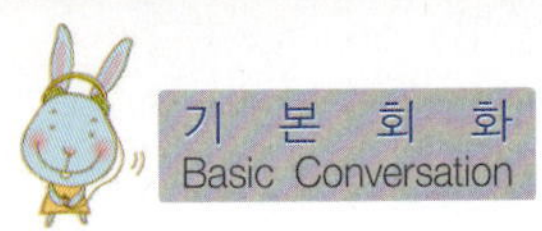

田中　もうすぐ夏休みですね。金さん、何かいい計画でもありますか。

金　アメリカにいる友だちに会いに行くつもりです。

田中　うらやましいですね。友だちと何をするんですか。

金　旅行をしながら、写真が撮りたいです。

　　夏休みには日本に帰りますか。

田中　いいえ、韓国で生活しながら、韓国の文化をもっと学ぶつもりで
　　　す。

새로운단어 New Vocabulary

夏休(なつやす)み	summer vacation	여름방학
計画(けいかく)	plan	계획
アメリカ	USA / America	미국
友(とも)だち	friend	친구
会(あ)う	meet / see	만나다
つもり	plan / be supposed to	생각 / 예정
羨(うらや)ましい	envy	부럽다
旅行(りょこう)	trip / travel / tour	여행
写真(しゃしん)	photo	사진
撮(と)る	take / shoot	(사진을) 찍다
帰(かえ)る	come back	(집에) 돌아가다
生活(せいかつ)	life	생활
文化(ぶんか)	culture	문화
学(まな)ぶ	learn	배우다
もっと	more	더욱

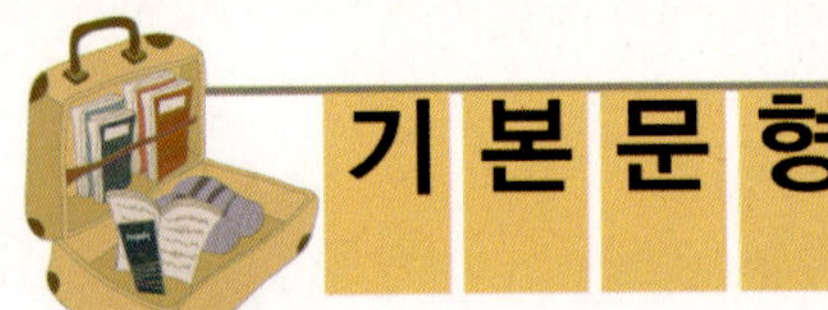 

기본문형 Basic Sentence

1｜ ～でも

お酒		飲みましょう。
計画	でも	ありますか。
ラーメン		食べますか。
写真		撮りましょうか。

2｜ ～ながら

勉強し		音楽を聞く。
食べ	ながら	映画を見る。
旅行し		写真を撮る。
お酒を飲み		話をする。

3｜ ～つもり

明日は帰る		です。
日本に行く	つもり	です。
これを飲む		ですか。
友達に会いに行く		ですか。

4｜ ～が～たい

お水		飲み	
ご飯	が	食べ	たい。
あの映画		見	
アイスクリーム		食べ	

기본문형단어 Basic Sentence Vocabulary

お酒(さけ)	drink / alcohol / liquor	술
勉強(べんきょう)する	study	공부하다
音楽(おんがく)	music	음악
聞(き)く	hear / listen	듣다
話(はなし)	talk / conversation	이야기 / 말
お水(みず)	water	물
ご飯(はん)	rice	밥
アイスクリーム	ice cream	아이스크림

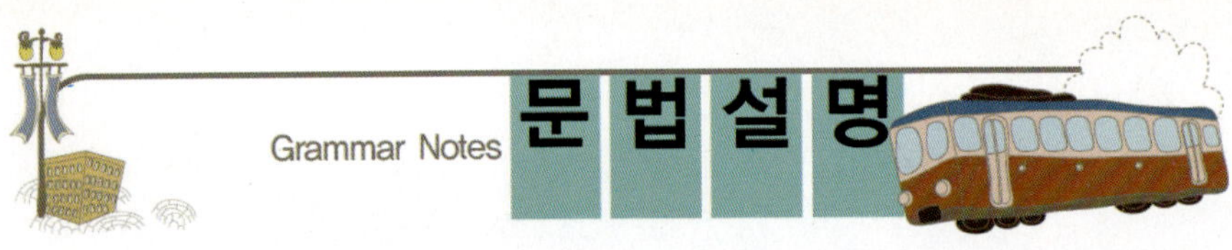

1 ～に会(あ)う。 ～를 만나다.

「会(あ)う」는 우리말의 '만나다'의 의미를 나타내는 동사이다. 우리말의 '만나다'는 '～를 만나다'와 같이 조사 '을/를'을 쓰는 것에 비해 일본어의 「会う」라고 하는 동사는 「友だちに会う」와 같이 조사 「に会う」형태로 나타난다. 한국인 일본어 학습자가 틀리기 쉬운 표현이다.

昨日、金さんに会いました。	어제 김씨를 만났습니다.	I met Mr. Kim yesterday.
先生に会いました。	선생님을 만났습니다.	I met him.

2 ～ながら ～하면서

「～ながら」는 우리말의 '～하면서'에 해당하며 동시진행을 나타내는 표현이다. Vマス형에 접속한다.

접속 : Vマス형 ＋ ながら

音楽を聞きながら勉強します。	음악을 들으면서 공부합니다. I listen to music while studying.
テレビを見ながらご飯を食べます。	TV를 보면서 밥을 먹습니다. I eat while watching TV.
道を歩きながら本を読みます。	길을 걸으면서 책을 읽습니다. I read a book while walking on the street.
運動をしながら音楽を聞きます。	운동을 하면서 음악을 듣습니다. I listen to music while exercising.

일반적으로「V원형＋つもり/つもりだ」는 화자의 의지 혹은 의도를 나타내는 말로 우리말의 '～할 생각이다, 작정이다, 예정이다' 등으로 해석할 수 있다. 하지만 V과거형 혹은 A, Na 등과 결합하면 그 의미가 달라진다.

접속 :

① V원형 ＋ つもり / V부정형 ＋ つもり

② V夕형 ＋ つもり / Vテイル형 ＋ つもり

③ N ＋ の ＋ つもり

④ A원형 ＋ つもり / Naナ형 ＋ つもり

来年、韓国に行くつもりです。

내년에 한국에 갈 생각입니다.

I think I will go to Korea next year.

そんなつもりではなかった。

그럴 생각은 아니었다.

I didn't mean it.

「～んです」는「～のです」의 구어적인 표현으로 '강조, 주장, 설명'의 뉘앙스를 나타낸다.

昨日、このことについて話したんです。
⇒ 昨日、このことについて話したのです。

어제 이것에 관해서 이야기했습니다.

I talked about this yesterday.

明日、病院へ行きたいんですが…。
⇒ 明日、病院へ行きたいのですが…。

내일 병원에 가고 싶은데요….

I want to go to the hospital tomorrow.

5　～たい。～하고 싶다.

「～たい」는 희망을 나타내는 표현으로 우리말의 '～하고 싶다'에 해당하는 말이다. V_{マス}형에 접속하며, 동작을 행하는 사람의 희망을 나타낸다.

접속 : ～が + V_{マス형} + たい

今年はぜひ日本に行きたいです。	올해는 꼭 일본에 가고 싶습니다. I really want to go to Japan this year.
冷たいコーヒーが飲みたいです。	차가운 커피를 마시고 싶습니다. I'd like to drink a cold coffee.

★주의 우리말의 '～하고 싶다'는 '～을/를 하고 싶다'와 같이 조사 '을/를'과 함께 사용한다. 따라서 이것을 그대로 일본어에 적용하면 「～を+V_{マス형}+たい」의 문형이 만들어진다. 하지만 일본어의 희망표현 「～たい」는 조사 「が」와 함께 사용하는 것에 주의해야 한다. 즉, 「お水を飲みたい」가 아니고 「お水が飲みたい」가 맞는 표현인 것이다.

물을 마시고 싶다.	水が飲みたい。　(○) 水を飲みたい。　(×)	I'd like to drink a water. (a glass of water)

문법설명단어 Grammar Notes Vocabulary

会(あ)う	meet	만나다
テレビ	television	텔레비전
道(みち)	road / street	길
歩(ある)く	walk	걷다
読(よ)む	read	읽다
運動(うんどう)	exercise	운동
来年(らいねん)	next year	내년
今年(ことし)	this year	올해
病院(びょういん)	hospital	병원

1 다음 두 문장을 보기와 같이 바꾸시오.

보기	旅行をする。写真を撮る。 → 旅行をしながら、写真を撮る。

1 英語の勉強をする。音楽を聞く。

⇨ ____

2 コーヒーを飲む。話をする。

⇨ ____

3 テレビを見る。ご飯を食べる。

⇨ ____

4 町を歩く。本を読む。

⇨ ____

2 보기와 같이 다음 표현을 희망표현으로 바꾸시오.

보기	アメリカで写真をたくさん撮る。 → アメリカで写真がたくさん撮りたい。

1 水を飲む。

⇨ ____

2 ラーメンを食べる。

⇨ ____

3 来年は韓国で生活する。

⇨ _______________________________________

4 今年は日本へ行きます。

⇨ _______________________________________

5 明日はミュージカルを見ます。

⇨ _______________________________________

6 中国の文化を学びます。

⇨ _______________________________________

7 今すぐお家に帰ります。

⇨ _______________________________________

3 다음 문장을 일본어로 작문하시오.

1 무엇인가 좋은 계획이라도 있습니까?

⇨ _______________________________________

2 미국에 있는 친구를 만나러 갑니다.

⇨ _______________________________________

3 여름방학에는 한국어를 배울 예정입니다.

⇨ ______________________________________

4 다음 문장을 듣고 빈칸에 알맞은 말을 적으시오.

もうすぐ(**1**)ですね。金さん、何かいい(**2**)でもあります

か。

アメリカにいる(**3**)に行くつもりです。

うらやましいですね。友だちと何をするんですか。

(**4**)ながら、写真（しゃしん）(**5**)です。夏休みには日本に

(**6**)ますか。

いいえ、韓国で生活（せいかつ）しながら、韓国の文化（ぶんか）をもっと(**7**)つもりです。

お名前を書いてください。

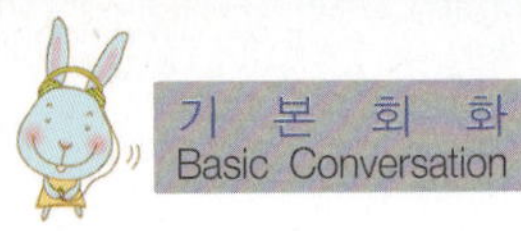
기 본 회 화
Basic Conversation

鈴木　　あの、この本が借りたいですが…。

係員　　そうですか。学生証をください。

鈴木　　ここにあります。

係員　　それでは、この紙に本のタイトルとお名前を書いてください。

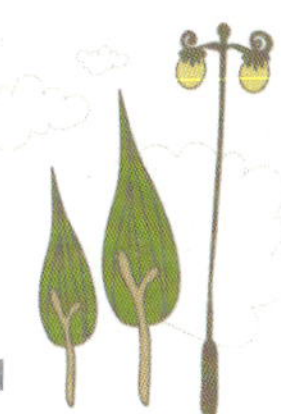

鈴木　はい、書きました。

係員　これで手続きは終わりました。

今日は6月5日ですから、6月20日まで必ず返してください。

鈴木　はい、分かりました。ありがとうございます。

새로운단어 New Vocabulary

名前(なまえ)	name	이름
借(か)りる	borrow	빌리다
学生証(がくせいしょう)	student ID card	학생증
それでは	so / then / well	그럼
紙(かみ)	paper	종이
タイトル	title	타이틀 / 제목
書(か)く	write	쓰다
手続(てつづ)き	procedure	수속
終(お)わる	finish / end	끝나다
必(かなら)ず	surely / certainly	반드시
返(かえ)す	return	돌려주다 / 반환하다
分(わ)かる	understand / see	알다 / 이해하다
係員(かかりいん)	clerk in charge	담당 직원 / 담당

기본문형 Basic Sentence

1 ～を～ください。

これ		一つ	
韓国語の本	を	二冊	ください。
コーラ		3本	
葉書		2枚	

2 ～が…。

明日学校に行きたいですが…。

私は冷たいコーヒーが飲みたいですが…。

日本語の小説を読みたいですが…。

それはそうですが…。

3 Vₜ形 + て(で)ください。

あそこまで	泳い	
この雑誌を	読ん	て/で ください。
ここで	待っ	
英語の本を	見せ	

기본문형단어 Basic Sentence Vocabulary

～冊(さつ)	volume / copy	～권
コーラ	cola / coke	콜라
葉書(はがき)	postcard	엽서
～枚(まい)	sheet	～장
冷(つめ)たい	cold / chilly / icy	차다 / 차갑다 / 매정하다
泳(およ)ぐ	swim	수영하다
見(み)せる	show / display / exhibit	보이다

1 　～を ～을/를

「～を」는 우리말의 '～을/를'을 나타내는 목적격 조사이다. 「わ행」에 속해 있으며 「お」와 발음은 같지만 「を」는 오로지 조사로만 쓰인다.

これを三つ下さい。	이것을 세 개 주세요.	Give me three of these.
このカメラを買いました。	이 카메라를 샀습니다.	I bought this camera.
梨とりんごを食べました。	배와 사과를 먹었습니다.	I ate a pear and an apple.
音楽を聞きます。	음악을 듣습니다.	I listen to music.

2 　下(くだ)さい。 ～주세요.

「ください」는 우리말의 '주세요'에 해당하는 표현이다. 일반적으로 가벼운 명령표현으로 사용한다.

この本を下さい。	이 책을 주세요.	Give me this book.
日本語の辞書を下さい。	일본어 사전을 주세요.	Give me a Japanese dictionary.
このノートと雑誌を下さい。	이 노트와 잡지를 주세요.	Give me this notebook and magazine.
メロンを下さい。	멜론을 주세요.	Give me melon.

3 　～が…。 ～입니다만….

일반적으로 조사 「が」는 '～이/가'의 의미를 나타내는 조사로 쓰이지만, 다음과 같이 단정의 의미를 나타내는 「です」나 「だ」와 접속할 때는 '～이지만/～인데'와 같은 의미를 나타낸다.

あの人に会いたいのですが…。　　저 사람을 만나고 싶은데요….

I would like to meet that person.

友だちの家に行きたいのですが…。　친구 집에 가고 싶은데요….

I want to visit my friend's (house).

韓国の料理が食べたいですが…。　　한국 요리를 먹고 싶은데요….

I want to eat Korean food.

あの映画が見たいですが…。　　　　저 영화를 보고 싶은데요….

I want to see that movie.

4　　일본어 동사 음편

일본어로 '~하고/~해서/~했다/~하기도 하고'의 표현을 만드는 경우에는 동사에「~
て」(~하고/해서),「~た」(~했다),「~たり」(~하기도 하고)를 접속시킨다.
1단동사와 변격동사, 그리고 5단동사 중 어미가「す」로 끝나는 동사는 V마스형에「~て」
「~た」「~たり」를 접속하면 되지만, 그 외의 5단동사의 경우에는 어미의 종류에 따라
접속이 달라지기 때문에 모두 암기할 필요가 있다.

5　1단동사, 변격동사, 5단동사 중 어미가「す」로 끝나는
동사의「て/た/たり」접속

접속 : V마스형 + て/た/たり

① 1단동사에「て/た/たり」를 접속시키는 방법

	V원형		V마스형	+	て / た / たり	⇒	V음편형
1단동사	起(お)きる	⇒	おき	+	て た たり	⇒	おきて おきた おきたり
설명	1단동사「起きる」의 경우「起きる」의 V마스형인「起き」에「~て」를 접속하여「起きて」(일어나고/일어나서),「~た」를 접속하여「起きた」(일어났다),「~たり」를 접속하여「起きたり」(일어나기도 하고)로 만든다.						

② 변격동사에 「て/た/たり」를 접속시키는 방법

변격동사	V원형		Vマス형	+	て/た/たり	⇒	V음편형
변격동사	する	⇒	し	+	て た たり	⇒	して した したり
설명	변격동사「する」와「来(く)る」역시 1단동사처럼 Vマス형에「て/た/たり」를 접속시킨다.						

③ 5단동사 중 어미가 「す」로 끝나는 동사에 「て/た/たり」를 접속시키는 방법

어미가 「す」로 끝나는 5단동사	V원형		Vマス형	+	て/た/たり	⇒	V음편형
어미가 「す」로 끝나는 5단동사	直(なお)す	⇒	なおし	+	て た たり	⇒	なおして なおした なおしたり
설명	5단동사는 동사의 어미에 따라 음편형이 달라지지만 5단동사 중 어미가「す」로 끝나는 동사는 1단동사나 변격동사처럼 Vマス형에「て/た/たり」를 접속시킨다.						

<table>
<tr><td>6</td><td colspan="7">5단동사의 음편</td></tr>
</table>

① 촉음편

동사어미	V원형		V어간	+	촉음	+	て/た/たり	⇒	V음편형
う	会(あ)う	⇒	あ	+	っ	+	て た たり	⇒	あって あった あったり
つ	待(ま)つ		ま						まって まった まったり
る	乗(の)る		の						のって のった のったり
설명	5단동사는 동사의 어미에 따라 음편형이 달라진다. 5단동사 중 동사의 어미가「う/つ/る」로 끝나는 경우는 V어미「う/つ/る」를 탈락시키고 촉음「っ」를 접속시켜「って・った・ったり」의 형태를 만들어 음편형을 만든다.								

② 발음편

어미	V원형		V어간	+		+	で/だ/だり	⇒	V음편형
ぬ	死(し)ぬ		し						しんで しんだ しんだり
ぶ	遊(あそ)ぶ	⇒	あそ	+	ん	+	で だ だり	⇒	あそんで あそんだ あそんだり
む	飲(の)む		の						のんで のんだ のんだり
설명	5단동사 중 동사의 어미가「ぬ/ぶ/む」인 경우는 V어미「ぬ/ぶ/む」를 탈락시키고 발음「ん」을 접속시킨 다음「て/た/たり」를「で/だ/だり」의 형태로 바꾸어「んで/んだ/んだり」의 형태를 만들어 음편형을 만든다.								

③ イ음편

어미	V원형		V어간		+	+	て/た/たり	⇒	V음편형
く	書(か)く		か				て/で た/だ たり/だり		かいて かいた かいたり
ぐ	泳(およ)ぐ	⇒	およ		+ い	+		⇒	およいで およいだ およいだり
설명	5단동사 중 동사의 어미가「く」인 경우는 V어미「く」를 탈락시키고「い」를 접속시켜「いて/いた/いたり」의 형태를 만들어 음편형을 만든다. 동사의 어미가「ぐ」로 끝나는 경우는 V어미「ぐ」를 탈락시키고「い」를 접속시킨 다음「て/た/たり」를「で/だ/だり」의 형태로 바꾸어「いで/いだ/いだり」의 형태를 만들어 음편형을 만든다.								

① A(형용사・イ형용사)

A(형용사・イ형용사)는 A어미 「い」를 「く」로 바꾼 다음 「て」를 접속시킨다.

A원형	A어간	+	A어미	+	て		Aテ형
赤(あか)い	あか						あかくて
寒(さむ)い	さむ	+	く	+	て	⇒	さむくて

② Na(형용동사・ナ형용사)

Na(형용동사・ナ형용사)는 Na어간에 「で」를 첨가한다.

Na원형	Na어간	+	で		Naテ형
きれいだ	きれい				きれいで
便利(べんり)だ	べんり	+	で	⇒	べんりで

문법설명단어 Grammar Notes Vocabulary

カメラ	camera	카메라
買(か)う	buy / purchase	사다
直(なお)す	repair / mend / fix	고치다
乗(の)る	take / ride	타다

1 보기와 같이 주어진 동사를 괄호 안에 알맞은 형태로 넣으시오.

| 보기 | ここにお名前を(書い)てください。 | <書く> |

1 この本を大きく(　　　)ください。　　　　　　　　<読む>

2 朝早く(　　　)ください。　　　　　　　　　　　　<起きる>

3 ここからあそこまで(　　　)ください。　　　　　　<泳ぐ>

4 この教室で十分ぐらい(　　　)ください。　　　　　<待つ>

5 私の家に遊びに(　　　)ください。　　　　　　　　<来る>

6 おいしい寿司を(　　　)行きます。　　　　　　　　<買う>

7 日本で写真を(　　　)来ました。　　　　　　　　　<学ぶ>

8 英語の授業では英語で(　　　)ください。　　　　　<話す>

9 夏休みが(　　　)新しい学期が始まりました。　　　<終わる>

10 学校へ(　　　)英語の勉強をしました。　　　　　　<行く>

2 다음 문장을 일본어로 작문하시오.

1 저, 이 책을 빌리고 싶은데….

⇨ ____

2 6월 20일까지 반드시 반납해 주세요.

⇨ ____

3 네, 알겠습니다.

⇨ ____

3 다음 문장을 듣고 빈칸에 알맞은 말을 적으시오.

あの、この本が(**1**   )ですが…。

そうですか。(**2**   )をください。

ここにあります。

それでは、この紙に本のタイトルとお名前を(**3**   )。

はい、書きました。

これで(**4**   )は終わりました。

今日は(**5**   )ですから、6月20日まで必ず返してください。

はい、(**6**   )。ありがとうございます。

본문해석

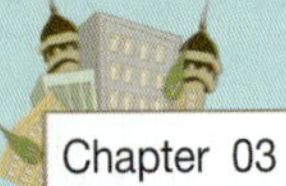

Chapter 03 안녕하세요? 저는 김입니다.

다나카   : 안녕하세요?

김   : 안녕하세요?

다나카   : 처음 뵙겠습니다. 다나카라고 합니다. 잘 부탁드립니다.

김   : 처음 뵙겠습니다. 김입니다. 저야말로 잘 부탁드립니다.

다나카   : 저, 김씨의 직업은 무엇입니까?

김   : 저는 회사원입니다. 다나카씨도 회사원입니까?

다나카   : 아니오, 저는 회사원이 아닙니다. 대학생입니다.

Tanaka   : Hello.

Kim   : Hello.

Tanaka   : How do you do? I'm Tanaka. Nice to meet you.

Kim   : How do you do? I'm Kim. Nice meet you, too.

Tanaka   : Excuse me, what do you do?

Kim   : I'm a businessman. Are you a businessman, too?

Tanaka   : No, I'm not. I'm a university student.

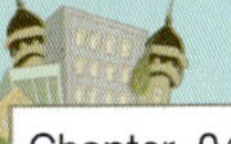

Chapter 04 그것은 무엇입니까?

다나카   : 저 사람은 누구입니까?

김   : 저 사람은 제 친구입니다.

다나카   : 그렇습니까? 그것은 무엇입니까?

김   : 이것은 일본어 책과 영어 노트입니다.

다나카   : 그것은 김씨의 것입니까?

김   : 일본어 책은 제 것입니다만, 영어 노트는 제 것이 아닙니다. 친구 것입니다.

Tanaka   : Who is that?

Kim   : He is my friend.

Tanaka   : Really? What is it?

Kim   : These are japanese book and an English notebook.

Tanaka   : Are these yours?

Kim   : The Japanese book is mine but the English notebook is not mine. It is my friend's.

Chapter 05 스즈키씨는 몇 학년입니까?

김   : 스즈키씨는 몇 학년입니까?
스즈키   : 1학년입니다. 김씨도 1학년입니까?
김   : 아니오, 저는 2학년입니다.
스즈키   : 선배군요. 죄송합니다만, 식당은 어디입니까?
김   : 식당은 이 건물 3층입니다.
스즈키   : 은행도 3층입니까?
김   : 아니오, 은행은 1층입니다.
스즈키   : 그렇습니까? 감사합니다.
김   : 천만에요.

Kim   : What grade are you in?
Suzuki   : I'm in the first grade.
            Are you in the first grade, too?
Kim   : No, I'm not. I'm in the second grade.
Suzuki   : Oh, you are senior.
            Would you tell me where the restaurant is?
Kim   : It is on the third floor in this building.
Suzuki   : Is the bank on the third floor, too?
Kim   : No, it is on the first floor.
Suzuki   : Thank you very much.
Kim   : You're welcome.

Chapter 06 지금 몇 시입니까?

다나카   : 지금 몇 시입니까?
김   : 3시 30분입니다.
            한국어 수업은 몇 시부터입니까?
다나카   : 이제 곧입니다.
            한국어 수업은 4시부터 6시까지입니다.
            교실은 309호실입니다.

김   : 다음 주 수요일은 친목회지요?
            친목회는 몇 시부터입니까?
다나카   : 6시 반부터입니다.

김씨도 함께 어떻습니까?

김　　　： 죄송합니다.
　　　　　수요일은 7시부터 아르바이트입니다.
다나카　： 유감스럽네요.

Tanaka　： What time is it now?
Kim　　　： It's a half past three.
　　　　　What time does the Korean lesson start?
Tanaka　： It starts soon. It has from four to six.
　　　　　The classroom is 309.
Kim　　　： Our social gathering is next wednesday, isn't it?
　　　　　What time does it start?
Tanaka　： It has from six thirty.
　　　　　Would you like to join us?
Kim　　　： I'm sorry I can't.
　　　　　I have part time work at seven on wednesdays.
Tanaka　： I'm sorry to hear that.

Chapter 07 　교실 안에 누군가 있습니까?

김　　　： 교실 안에 누군가 있습니까?
다나카　： 네, 학생이 2명 있습니다.
김　　　： 선생님도 있습니까?
다나카　： 아니오, 선생님은 없습니다.
김　　　： 의자는 몇 개 있습니까?
다나카　： 6개 있습니다.
김　　　： 책상도 6개 있습니까?
다나카　： 아니오, 책상은 3개밖에 없습니다.
김　　　： 책상 위에 무엇이 있습니까?
다나카　： 연필과 노트가 있습니다.

Kim　　　： Is there anyone in the classroom?
Tanaka　： Yes, there are two students.
Kim　　　： Is a teacher there as well?
Tanaka　： No, there isn't.
Kim　　　： How many chairs are there?

Tanaka	: There are six chairs.
Kim	: Are there six desks as well?
Tanaka	: No, there are only three desks.
Kim	: What is on the desk?
Tanaka	: There are one pencil and one notebook.

Chapter 08　오늘은 덥군요.

하야시	: 오늘은 덥군요.
이	: 한국의 여름은 덥습니다.
	일본의 여름도 덥습니까?
하야시	: 네. 한국보다 일본이 덥습니다.
	또, 비도 많습니다. 그런데, 이 역은 넓군요.
	이씨, 한국 지하철은 어떻습니까?
이	: 지하철은 싸고 빠릅니다.
하야시	: 가격은 어떻습니까? 버스보다 지하철이 쌉니까?
이	: 글쎄요. 지하철 가격은 버스만큼 싸지 않습니다.
	비쌉니다.

Hayashi	: It's hot today.
Lee	: It's hot in Korea during summer.
	Is it hot during summer in Japan?
Hayash	: Yes, It is hotter than Korea.
	Also, it rains a lot. By the way, This station is spacicus.
	Mr. Lee, how's the subway in Korea?
Lee	: It is cheap and fast.
Hayashi	: How's the fure? Is it cheaper than the bus?
Lee	: Well, it is not as cheap as the bus. It is expensive.

Chapter 09　깨끗하고 조용한 공원이군요.

나카노	: 깨끗하고 조용한 공원이군요. 항상 이렇게 조용합니까?
김	: 아니오, 휴일에는 사람이 많이 있어서 조용하지 않습니다.
나카노	: 김씨는 이 공원을 좋아합니까?
김	: 나무도 많고 연못도 예뻐서 매우 좋아합니다.
나카노	: 여기에 연못이 있습니까?

김   : 예, 이 공원 연못은 유명합니다.
           연못 안에는 잉어와 거북이도 있습니다.
나카노   : 정말입니까? 저는 거북이를 굉장히 좋아합니다.

Nakano   : It's really clean and peaceful in a park. Is it always like this?
Kim   : No, on the weekends, it is not like this. It is crowded.
Nakano   : Does Mr. Kim like this park too?
Kim   : I really like it because there are lots of trees and pond.
Nakano   : Is there a pond here?
Kim   : Yes, this ponds is famous.
           There are carps and turtles in the pond.
Nakano   : Oh, really? I really like turtles.

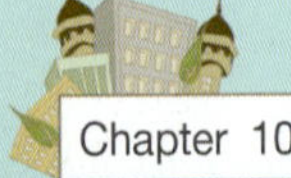

Chapter 10 어제 난타공연은 어땠습니까?

박   : 어제 난타공연은 어땠습니까?
다나카   : 매우 즐거웠습니다. 멋진 공연이었습니다.
박   : 잘되었네요. 난타는 일본에서도 유명했습니까?
다나카   : 아니오, 유명하지 않았습니다.
박   : 그렇습니까? 극장은 어디였습니까?
다나카   : 종로에 있는 새로운 극장이었습니다. 넓고 깨끗한 곳이었습니다.
박   : 좌석도 넓었습니까?
다나카   : 아니오, 좌석은 그다지 넓지 않았습니다.

Park   : How was the Nanta performance yesterday?
Tanaka   : It was excellent. It was a fantastic performance.
Park   : That's good. Was "Nanta" popular in Japan?
Tanaka   : No, it wasn't.
Park   : Really? Where did you see "Nanta"?
Tanaka   : It was a new theater in Jongro. It was clean and spacious.
Park   : How was a seat?
Tanaka   : It was not good than I expected.

Chapter 11 대학로에 갑니다.

이   : 스즈키씨, 지금 어디에 갑니까?

스즈키	: 대학로에 갑니다. 학교에서 대학로까지는 어느 정도 걸립니까?
이	: 글쎄요. 버스로 한 시간 정도 걸립니다. 대학로에서 무엇을 합니까?
스즈키	: 여동생과 영화를 봅니다. 그 후, 비빔밥을 먹습니다.
이	: 여동생과 자주 영화를 봅니까?
스즈키	: 네, 자주 봅니다. 오페라와 뮤지컬과 연극 등도 여동생과 자주 봅니다.
이	: 여동생과 사이가 좋군요.

Lee	: Mr. Suzuki, Where are you going now?
Suzuki	: I'm going to Daehakro. How long does it takes from here to Daehakro?
Lee	: Well, it takes about one hour. What will you do there?
Suzuki	: I will watch movie with my younger sister. Then, I will eat Bibimbab.
Lee	: Do you often go to the movies with your sister?
Suzuki	: Yes, I do. I often watch operas, musicals and plays with my sister.
Lee	: You get well with your sister.

Chapter 12　　**같이 도서관에 공부하러 가지 않겠습니까?**

미나미	: 박씨, 안녕하세요? 오랜만입니다.
박	: 아, 미나미씨. 안녕하세요? 오랜만입니다.
미나미	: 중간 시험은 벌써 끝났습니까?
박	: 아니오, 내일은 영어 시험이 있습니다.
미나미	: 나도 내일 한국어 시험이 있습니다.
박	: 그렇습니까? 그럼, 같이 도서관에 공부하러 가지 않겠습니까?
미나미	: 그것 좋네요.

Minami	: Hello, Mr. Park. Long time no see.
Park	: Ms. Minami. How have you been?
Minami	: Did you already finish the mid-term test?
Park	: No, not yet. I have an English test, tomorrow.
Minami	: Me too. I have a Korean test tomorrow.
Park	: Do you? Well, Shall we go to the library and study together?
Minami	: That sounds great.

Chapter 13　　**여행을 하면서 사진을 찍고 싶습니다.**

다나카	: 이제 곧 여름방학이네요. 김씨, 뭔가 좋은 계획이라도 있습니까?
김	: 미국에 있는 친구를 만나러 갈 생각입니다.

다나카 : 부럽네요. 친구와 무엇을 할 것입니까?
김 : 여행을 하면서 사진을 찍고 싶습니다. 여름방학에는 일본에 돌아갑니까?
다나카 : 아니오, 한국에서 생활하면서 한국 문화를 더 배울 생각입니다.

Tanaka : The summer vacation is coming soon. Mr. Kim, do you have any plans?
Kim : I'm going to see my friend in America.
Tanaka : I envy you. What will you do, there?
Kim : I want to take photos during the trip. Are you going back to Japan?
Tanaka : No, I am not. I'm going to stay longer in Korea and learn more about Korean culture.

Chapter 14 이름을 써 주세요.

스즈키 : 저, 이 책을 빌리고 싶은데요….
담당 직원 : 그렇습니까? 학생증을 주세요.
스즈키 : 여기에 있습니다.
담당 직원 : 그럼, 이 종이에 책 제목과 이름을 써 주세요.
스즈키 : 네, 썼습니다.
담당 직원 : 이것으로 수속은 끝났습니다. 오늘은 6월 5일이니까 6월 20일까지 반드시
　　　　　　　반납해 주세요.
스즈키 : 네, 알겠습니다. 감사합니다.

Suzuki : Excuse me, Sir. May I borrow this book?
library staff : Please give me your student ID card.
Suzuki : Here you are.
library staff : Can you fill out this form with the title of the book and your name as well?
Suzuki : Of course. Here you are.
library staff : Thank you, please return this book by the 20th of June.
Suzuki : Yes, I will. Have a nice day.

연습문제 해답

Chapter 03

1　①は　　②も　　③の　　④は
2　① 田中さんは会社員ではありません。
　　② 金さんは大学生ではありません。
　　③ わたしは韓国人ではありません。
　　④ 田中さんは医者ではありません。
3　① はい、金さんは大学生です。
　　　いいえ、金さんは大学生ではありません。
　　② はい、私は韓国人です。
　　　いいえ、私は韓国人ではありません。
　　③ はい、田中さんは先生です。
　　　いいえ、田中さんは先生ではありません。
4　① 申します　　② はじめまして　　③ 職業　　④ 会社員　　⑤ 大学生

Chapter 04

1　① それは本です。
　　② これはノートです。
　　③ あれは辞書です。
　　④ あの人は友だちです。
　　⑤ この時計は金さんのです。
2　① (時計)は(私の)ですが、(傘)は(私の)ではありません。(李さんの)です。
　　② (鉛筆)は(彼女の)ですが、(辞書)は(彼女の)ではありません。(金さんの)です。
　　③ (かばん)は(私の)ですが、(くつ)は(私の)ではありません。(彼女の)です。
3　① 誰　② あの人　③ 友だち　④ 日本語　⑤ 英語　⑥ 私　⑦ ノート

Chapter 05

1　① 何年生　　②も　　③ ですね　　④ 韓国人
2　① 銀行は1階です。
　　② 食堂は2階です。
　　③ いいえ、病院は4階です。
　　④ いいえ、書店は3階です。

⑤ 会社はこの建物の6階です。

3 ① 何年生　　② 2年生　　③ 食堂
　 ④ 建物　　　⑤ 3階　　　⑥ ありがとうございます

Chapter 06

1 ① 4時です。
　② 6時半です。又は 6時30分です。
　③ 9時10分です。
　④ 11時27分です。
　⑤ 8時42分です。

2 ① 韓国語の授業は9時から11時までです。
　　教室は307号室です。
　② 英語の授業は3時から6時までです。
　　教室は205号室です。
　③ 日本語の授業は11時から1時までです。
　　教室は503号室です。
　④ 中国語の授業は1時から3時までです。
　　教室は109号室です。
　⑤ すみません。金曜日は4時から7時までアルバイトです。
　⑥ すみません。火曜日は3時から6時まで英語の授業です。

3 ① 韓国語　　② 授業　　③ 教室　　④ 号室
　 ⑤ 来週　　　⑥ 一緒　　⑦ 残念

Chapter 07

1 ① 6人　　② 5つ　　③ 7つ, 1つ　　④ 2つ, 4つ
2 ① 公園に人が2人います。
　② はい、います。
　③ いいえ、猫はいません。
　④ 椅子は4つあります。
　⑤ いいえ、テーブルはありません。
　⑥ はい、椅子の上にりんごが2つあります。

3 ① 誰　　　　② 2人　　　③ いません
　 ④ いくつ　　⑤ 3つしか　　⑥ 鉛筆

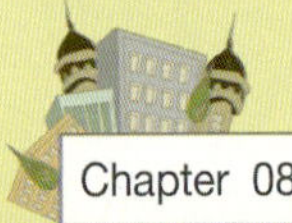

Chapter 08

1　① これは高くありません。
　② 教室は広くありません。
　③ 地下鉄は速くありません。
　④ 車が多くありません。
　⑤ ソウルは寒くありません。
2　① ここは駅も(近くていい)ですね。
　② 彼女は(やさしくて美しい)ですね。
　③ この部屋は(狭くて暑い)ですね。
　④ アイスクリームは(甘くておいしい)ですね。
3　① 日本の夏もあついですか。
　② 値段はどうですか。
　③ 梨よりりんごのほうが安いです。
　④ 地下鉄の値段はバスほど安くありません。
4　① 今日　　② あつい　　③ 雨　　　④ 多い　　⑤ 駅
　⑥ 地下鉄　⑦ 安く　　⑧ 値段　　⑨ 高い

Chapter 09

1　① あの人は有名ではありません。
　② この部屋はきれいではありません。
　③ この町はにぎやかではありません。
　④ 地下鉄は便利ではありません。
　⑤ 彼はハンサムではありません。
2　① 彼は(有名でハンサム)です。
　② この部屋は(きれいで静か)です。
　③ 地下鉄は(便利でやすい)です。
　④ この町は(にぎやかでいい)です。
3　① 休日は人がおおぜいいます。
　② 寿司が好きですか。
　③ 木も多くて池もきれいですのでとても好きです。
4　① 静か　　② 休日　　③ 好き
　④ 多く　　⑤ 有名　　⑥ 鯉　　⑦ 本当

Chapter 10

1 　① 席も広かったです。
　　② 今日は暑くありませんでした。(今日は暑くなかったです。)
　　③ 私は会社員でした。
　　④ 大学生ではありませんでした。(大学生ではなかったです。)
　　⑤ 彼女はきれいでした。
　　⑥ バスは便利ではありませんでした。(バスは便利ではなかったです。)

2 　① (おいしい)コーヒーはどうですか。
　　② ここから一番(近い)駅はどこですか。
　　③ 金さんは(きれいな)花が好きです。
　　④ 上野には(有名な)公園があります。
　　⑤ 東京には(大きい)建物がたくさんあります。

3 　① 広くてきれいな所でした。
　　② 席はあまり広くありませんでした。
　　③ 劇場はどこでしたか。
　　④ とても楽しかったです。

4 　① 公演　　　② 素敵な　　　③ 劇場
　　④ 広く　　　⑤ きれい　　　⑥ 広かった

Chapter 11

1 　① へ　　　② で　　　③ ぐらい　　　④ で　　　⑤ や, や, など

2 　① 田中さんはここまでバスで(き)ますか。
　　② お部屋をきれいに(し)ます。
　　③ 朝早く(起き)ますか。
　　④ 夜遅くまで友だちと映画を(見)ます。
　　⑤ その後、ビビンパを(食べ)ます。
　　⑥ 教室の中に誰か(い)ますか。
　　⑦ お酒は(飲み)ません。
　　⑧ この建物には銀行が(あり)ません。
　　⑨ 今からレポートを(書き)ます。
　　⑩ 食堂で友だちを(待ち)ます。

3 　① バスで学校へ行きます。

② ソウルから福岡まで飛行機で2時間ぐらいかかります。
③ 大学路で妹とナンタ公演を見ます。
4 ① 行き　　② 学校　　③ まで　　④ で
　 ⑤ 見　　　⑥ 食べ　　⑦ など

Chapter 12

1 ① はい、昨日ナンタ公演を見ました。
　 ② はい、レポートは書きました。
　 ③ はい、昨日映画館へ行きました。
　 ④ はい、夕食は食べました。
2 ① 居酒屋へお酒を(飲み)に行きます。
　 ② 映画館に映画を(見)に来ました。
　 ③ デパートへかばんを(買い)に行きました。
　 ④ 公園へ(散歩し)に行きます。
　 ⑤ 友だちの家へ(遊び)に行きます。
3 ① 一緒にビビンパを食べませんか。
　 ② 昨日は図書館へ勉強しに行きました。
　 ③ それはいいですね。
4 ① お久しぶり　　② 終わり　　③ 試験
　 ④ 韓国語　　　⑤ 一緒　　　⑥ 勉強し

Chapter 13

1 ① 英語の勉強をしながら、音楽を聞く。
　 ② コーヒーを飲みながら、話をする。
　 ③ テレビを見ながら、ご飯を食べる。
　 ④ 町を歩きながら、本を読む。
2 ① 水が飲みたい。
　 ② ラーメンが食べたい。
　 ③ 来年は韓国で生活したい。
　 ④ 今年は日本へ行きたいです。
　 ⑤ 明日はミュージカルが見たいです。
　 ⑥ 中国の文化が学びたいです。
　 ⑦ 今すぐお家に帰りたいです。

3 ① 何かいい計画でもありますか。
   ② アメリカにいる友だちに会いに行きます。
   ③ 夏休みには韓国語を学ぶつもりです。
4 ① 夏休み　　② 計画　　③ 友だちに会い　　④ 旅行をし
   ⑤ が撮りたい　⑥ 帰り　　⑦ 学ぶ

Chapter 14

1 ① この本を大きく(読んで)ください。
   ② 朝早く(起きて)ください。
   ③ ここからあそこまで(泳いで)ください。
   ④ この教室で十分ぐらい(待って)ください。
   ⑤ 私の家に遊びに(来て)ください。
   ⑥ おいしい寿司を(買って)行きます。
   ⑦ 日本で写真を(学んで)来ました。
   ⑧ 英語の授業では英語で(話して)ください。
   ⑨ 夏休みが(終わって)新しい学期が始まりました。
   ⑩ 学校へ(行って)英語の勉強をしました。
2 ① あの、この本が借りたいですが…。
   ② 6月20日まで必ず返してください。
   ③ はい、分かりました。
3 ① 借りたい　　② 学生証　　③ 書いてください
   ④ 手続き　　　⑤ 6月5日　　⑥ 分かりました

田 밭 전	田	田							
中 가운데 중	中	中							
金 쇠 금	金	金							
何 어찌 하	何	何							
私 사사로울 사	私	私							
会 만날 회	会	会							
社 모일 사	社	社							
員 인원 원	員	員							
大 큰 대	大	大							
学 배울 학	学	学							
生 날 생	生	生							
職 일 직	職	職							
業 업 업	業	業							
願 원할 원	願	願							
申 거듭 신	申	申							

医 의원 의	医	医									
者 놈 자	者	者									
韓 나라 한	韓	韓									
国 나라 국	国	国									
日 날 일	日	日									
本 근본 본	本	本									
中 가운데 중	中	中									
鉛 납 연	鉛	鉛									
筆 붓 필	筆	筆									
部 떼 부	部	部									
長 길 장	長	長									
林 수풀 림	林	林									
岩 바위 암	岩	岩									
瀨 여울 뢰	瀨	瀨									
山 메 산	山	山									

何 어찌 하	何	何							
誰 누구 수	誰	誰							
友 벗 우	友	友							
語 말씀 어	語	語							
英 꽃뿌리 영	英	英							
辞 말 사	辞	辞							
書 글 서	書	書							
時 때 시	時	時							
計 셀 계	計	計							
傘 우산 산	傘	傘							
彼 저 피	彼	彼							
女 계집 녀	女	女							

漢字											
鈴 방울 령	鈴	鈴									
木 나무 목	木	木									
年 해 년	年	年									
先 먼저 선	先	先									
輩 무리 배	輩	輩									
食 밥 식	食	食									
建 세울 건	建	建									
物 물건 물	物	物									
階 섬돌 계	階	階									
銀 은 은	銀	銀									
行 다닐 행	行	行									
室 집 실	室	室									
同 한가지 동	同	同									
級 등급 급	級	級									
保 지킬 보	保	保									

健 튼튼할 건	健	健									
一 한 일	一	一									
二 두 이	二	二									
三 석 삼	三	三									
四 넉 사	四	四									
五 다섯 오	五	五									
六 여섯 룩	六	六									
七 일곱 칠	七	七									
八 여덟 팔	八	八									
九 아홉 구	九	九									
十 열 십	十	十									
百 일백 백	百	百									
千 일천 천	千	千									
万 일만 만	万	万									
億 억 억	億	億									

今 이제 금	今	今								
授 줄 수	授	授								
教 본받을 교	教	教								
号 이름 호	号	号								
来 올 래	来	来								
週 주일 주	週	週								
月 달 월	月	月								
曜 빛날 요	曜	曜								
火 불 화	火	火								
水 물 수	水	水								
木 나무 목	木	木								
土 흙 토	土	土								
半 반 반	半	半								
分 나눌 분	分	分								
緒 실마리 서	緒	緒								

残 남을 잔	残	残							
念 생각 념	念	念							
明 밝을 명	明	明							
朝 아침 조	朝	朝							
夜 밤 야	夜	夜							

椅 의자 의	椅	椅								
子 아들 자	子	子								
机 책상 궤	机	机								
梨 배나무 리	梨	梨								
犬 개 견	犬	犬								
猫 고양이 묘	猫	猫								
店 가게 점	店	店								
靴 신 화	靴	靴								
下 아래 하	下	下								

暑 더울 서	暑	暑								
夏 여름 하	夏	夏								
春 봄 춘	春	春								
秋 가을 추	秋	秋								
冬 겨울 동	冬	冬								
雨 비 우	雨	雨								
多 많을 다	多	多								
駅 역 역	駅	駅								
広 넓을 광	広	広								
地 땅 지	地	地								
鉄 쇠 철	鉄	鉄								
安 편안 안	安	安								
速 빠를 속	速	速								
値 값 치	値	値								
段 층계 단	段	段								

高 높을 고	高	高							
寒 찰 한	寒	寒							
新 새로울 신	新	新							
幹 줄기 간	幹	幹							
線 줄 선	線	線							
遲 더딜 지	遲	遲							
電 번개 전	電	電							
車 수레 차	車	車							
熱 더울 열	熱	熱							
冷 찰 랭	冷	冷							
戀 사모할 련	戀	戀							

綺 비단 기	綺	綺							
麗 고울 려	麗	麗							
静 고요할 정	静	静							
公 공평할 공	公	公							
園 동산 원	園	園							
休 쉴 휴	休	休							
大 큰 대	大	大							
勢 형세 세	勢	勢							
好 좋을 호	好	好							
池 못 지	池	池							
有 있을 유	有	有							
名 이름 명	名	名							
中 가운데 중	中	中							
鯉 잉어 리	鯉	鯉							
亀 거북 귀	亀	亀							

漢字	쓰기								
町 밭두둑 정	町	町							
賑 구휼할 진	賑	賑							
花 꽃 화	花	花							
彼 저 피	彼	彼							
手 손 수	手	手							
嫌 싫어할 혐	嫌	嫌							
便 편할 편	便	便							
利 이로울 리	利	利							
山 메 산	山	山							
忙 바쁠 망	忙	忙							
図 그림 도	図	図							
書 글 서	書	書							

昨 어제 작	昨	昨								
公 공평할 공	公	公								
演 행할 연	演	演								
素 흴 소	素	素								
敵 대적할 적	敵	敵								
劇 연극 극	劇	劇								
場 마당 장	場	場								
鐘 종 종	鐘	鐘								
路 길 로	路	路								
所 바 소	所	所								
席 자리 석	席	席								
古 예 고	古	古								
真 참 진	真	真								
面 낯 면	面	面								
目 눈 목	目	目								

学 배울 학	学	学									
校 학교 교	校	校									
映 비칠 영	映	映									
画 그림 화	画	画									
見 볼 견	見	見									
後 뒤 후	後	後									
食 밥 식	食	食									
妹 누이 매	妹	妹									
演 행할 연	演	演									
劇 연극 극	劇	劇									
仲 버금 중	仲	仲									
書 글 서	書	書									
起 일어날 기	起	起									
来 올 래	来	来									
記 기록할 기	記	記									

勉 힘쓸 면	勉	勉								
強 강할 강	強	強								
電 번개 전	電	電								
車 수레 차	車	車								
船 배 선	船	船								
青 푸를 청	青	青								
赤 붉을 적	赤	赤								
白 흰 백	白	白								
携 가질 휴	携	携								
帯 띠 대	帯	帯								
話 말씀 화	話	話								
会 모일 회	会	会								
待 기다릴 대	待	待								
死 죽을 사	死	死								
居 살 거	居	居								

酒 술 주	酒	酒								
屋 집 옥	屋	屋								
飲 마실 음	飲	飲								
福 복 복	福	福								
岡 산등성이 강	岡	岡								

緒 실마리 서	緒	緒							
久 오랠 구	久	久							
間 사이 간	間	間							
終 마칠 종	終	終							
試 시험 시	試	試							
驗 시험 험	驗	驗							
図 그림 도	図	図							
書 글 서	書	書							
館 집 관	館	館							
乗 탈 승	乗	乗							

夏 여름 하	夏	夏									
休 쉴 휴	休	休									
計 셀 계	計	計									
画 그을 획	画	画									
友 벗 우	友	友									
羨 부러워할 선	羨	羨									
旅 나그네 려	旅	旅									
写 베낄 사	写	写									
真 참 진	真	真									
撮 찍을 촬	撮	撮									
帰 돌아갈 귀	帰	帰									
生 날 생	生	生									
活 살 활	活	活									
文 글월 문	文	文									
酒 술 주	酒	酒									

音 소리 음	音	音							
楽 노래 악	楽	楽							
聞 들을 문	聞	聞							
水 물 수	水	水							
飯 밥 반	飯	飯							
歩 걸음 보	歩	歩							
読 읽을 독	読	読							
運 옮길 운	運	運							
動 움질일 동	動	動							
今 이제 금	今	今							
病 병 병	病	病							
院 집 원	院	院							

名 이름 명	名	名								
前 앞 전	前	前								
借 빌 차	借	借								
証 증거 증	証	証								
紙 종이 지	紙	紙								
手 손 수	手	手								
続 이을 속	続	続								
必 반드시 필	必	必								
返 돌이킬 반	返	返								
分 나눌 분	分	分								
係 맬 계	係	係								
員 인원 원	員	員								
冊 책 책	冊	冊								
葉 잎 엽	葉	葉								
枚 날 매	枚	枚								

買 살 매	買	買									
泳 헤엄칠 영	泳	泳									

일본어의 1단동사

開(あ)ける	열다	open
起(お)きる	일어나다	wake up
生(い)きる	살다, 존재하다	exist / live
生(う)まれる	태어나다	born
受(う)ける	받다, 응하다	receive
植(う)える	(나무 등) 심다	plant
揚(あ)げる	튀기다	fry
折(お)れる	접히다, 꺾이다	break
遅(おく)れる	늦다, 지각하다	late
集(あつ)める	모으다, 집합시키다	gather
感(かん)じる	느끼다	feel
掛(か)ける	걸다, 채우다, 잠그다	lock
教(おし)える	가르치다	teach
答(こた)える	대답하다, 답하다	respond / answer
借(か)りる	빌리다	borrow
着(き)る	입다	wear / put on
信(しん)じる	믿다, 신뢰하다	trust / believe
育(そだ)てる	기르다, 키우다	bring up / raise
調(しら)べる	조사하다	research
進(すす)める	전진시키다	get forward
建(た)てる	세우다	build / establish
倒(たお)れる	쓰러지다	collapse / fall down
足(た)りる	충분하다, 족하다	enough
漬(つ)ける	담그다, 절이다	steep / soak
出(で)る	나가다, 나오다	go out / leave
通(つう)じる	통하다, 연결되다	connect
確(たし)かめる	확인하다, 분명히 하다	make sure / check

慣(な)れる	익숙해지다	used to
流(なが)れる	흐르다	flow
似(に)る	닮다, 비슷하다	look similar
述(の)べる	진술하다	statement
投(な)げる	던지다	throw
始(はじ)める	시작하다, 개시하다	begin / start
負(ま)ける	지다	lose
焼(や)ける	구워지다, 그을리다	bake / grill
揺(ゆ)れる	흔들리다	shaken
止(や)める	그만두다, 중지하다	stop / quit
忘(わす)れる	잊어버리다	forget
別(わか)れる	헤어지다, 이별하다	broke up
割(わ)れる	깨지다, 금이 가다	break

일본어의 5단동사

歌(うた)う	노래하다	sing
開(あ)く	열리다	open
急(いそ)ぐ	서두르다	rush / in hurry
祈(いの)る	기도하다	pray
歩(ある)く	걷다	walk
謝(あやま)る	사과하다	apologize
写(うつ)す	베끼다	copy
洗(あら)う	씻다	wash
送(おく)る	보내다	send
言(い)う	말하다	speak
終(お)わる	끝나다	finish / end
集(あつ)まる	모이다, 집합하다	gather / assemble
行(おこな)う	행동하다, 실시하다	carry out
会(あ)う	만나다	meet
噛(か)む	씹다, 깨물다	chew / bite
買(か)う	사다	buy / purchase
飾(かざ)る	장식하다	decorate
通(かよ)う	다니다	go to / attend
死(し)ぬ	죽다	die
住(す)む	살다	live
進(すす)む	나아가다, 전진하다	advance
触(さわ)る	닿다, 만지다	reach / touch
使(つか)う	사용하다	use
作(つく)る	만들다	make
出(だ)す	내다, 제출하다	hand in
通(とお)る	지나다, 통과하다	pass / through
捕(つか)まる	잡히다	caught

習(なら)う	배우다, 익히다	learn
乗(の)る	타다	ride
直(なお)す	고치다, 치료하다	fix / cure
脱(ぬ)ぐ	벗다	take off
働(はたら)く	일하다	work
払(はら)う	지불하다	pay
拾(ひろ)う	줍다	pick up
始(はじ)まる	시작되다	start
運(はこ)ぶ	나르다, 운반하다	carry
もらう	받다	receive
待(ま)つ	기다리다	wait
持(も)つ	들다, 소유하다	pick / own
止(や)む	멎다, 중지하다	stopped

일본어의 5단동사

起(お)こる	일어나다	wake up / get up
当(あ)たる	맞다, 당첨되다	win a prize
動(うご)かす	움직이다	move
売(う)る	팔다	sell
浮(うか)ぶ	뜨다, 떠오르다	float / come up
失(うしな)う	잃다, 상실하다	lose
押(お)す	밀다	push
余(あま)る	남다	remain / left over
泳(およ)ぐ	수영하다, 헤엄치다	swim
預(あず)かる	맡다, 보관하다	take care of / keep / store
踊(おど)る	춤추다	dance
遊(あそ)ぶ	놀다	play
争(あらそ)う	다투다, 경쟁하다	fight / compete
至(いた)る	다다르다, 도달하다	reach
祝(いわ)う	축하하다	celebrate
痛(いた)む	아프다, 괴롭다	sick / pain
現(あらわ)す	나타내다, 드러내다	appear
固(かた)まる	굳다, 단단해지다	harden
貸(か)す	빌려주다	lend
代(か)わる	대신하다, 바뀌다	replace / changed
暮(く)らす	살다, 지내다	live
返(かえ)す	돌려주다	bring it back
配(くば)る	나눠주다	share
飼(か)う	(동물을) 기르다, 사육하다	raise
込(こ)む	몰리다, 붐비다	crowded
着(つ)く	도착하다	arrive
下(くだ)さる	'주다'의 높임말	give

輝(かがや)く	빛나다	shine
誘(さそ)う	권유하다, 꾀다	recomend / suggest
座(すわ)る	앉다	sit
探(さが)す	찾다	find
閉(し)める	닫다	close
吸(す)う	피우다	smoke
立(た)つ	서다	stand
止(と)まる	멎다, 멈추다	stopped
鳴(な)る	울리다	ring / toll
成(な)る	이루어지다, 되다	become
飲(の)む	마시다	drink
太(ふと)る	살찌다, 불어나다	gain weight
沸(わ)く	끓다, 열광하다	boil / enthusiastic

일본어의 예외 5단동사

いびる	못살게 굴다	tease / be cruel
おもねる	아첨하다, 아부하다	flatter
要(い)る	필요하다	need
帰(かえ)る	돌아오다, 돌아가다	come back / go back
返(かえ)る	(원상태로) 돌아가다 / (그림, 건축을) 복원하다	original / turn back(restore to)
翔(かけ)る	하늘 높이 날다	fly high in the sky
切(き)る	베다, 자르다	cut
限(かぎ)る	한정하다, 한하다	limit
しゃべる	수다 떨다, 재잘거리다	gossip / flap one's lip / chat
知(し)る	알다	know
滑(すべ)る	미끄러지다, 활주하다	slip
のめる	앞으로 넘어지다	fall over
握(にぎ)る	쥐다, 잡다	fist
減(へ)る	〈수량〉 줄다, 적어지다	get less
捻(ひね)る	비틀다, 뒤틀다	twist
入(はい)る	들어가다.	enter
走(はし)る	달리다	run
参(まい)る	가다, 오다의 겸사말	go, come
混(交)(まじ)る	섞이다	mixed
やじる	야유하다, 조롱하다	heckling / ridiculed

저자약력

유상용(劉相溶)

문학박사 일본어학전공

단국대학교 일어일문학과 졸업
단국대학교 일어일문학과 대학원 석사
專修大学대학원 국문학전공 석사
專修大学대학원 일본어일본문학전공 박사
현재 울산과학대학 관광통역과 조교수

조혜숙(趙惠淑)

문학박사 일본문학전공

단국대학교 일어일문학과 졸업
단국대학교 일어일문학과 대학원 석사
專修大学대학원 일본어일본문학전공 석사
專修大学대학원 일본어일본문학전공 박사
현재 단국대학교 일본연구소 연구원

개정판
알기쉽고 재미있는
쏙쏙 일본어 교실 Step1

초판발행　2008년 2월 29일
개정초판발행　2011년 3월 11일

공　　저　유상용 · 조혜숙
발 행 인　윤석현
발 행 처　제이앤씨
책임편집　조성희
등록번호　제7-220호

우편주소　(132-040) 서울시 도봉구 창동 624-1 북한산 현대홈시티 102-1206
대표전화　(02)992-3253
전　　송　(02)991-1285
홈페이지　http://www.jncbms.co.kr
전자우편　jncbook@hanmail.net

· 저자 및 출판사의 허락 없이 이 책의 일부 또는 전부를 무단복제 · 전재 · 발췌할 수 없습니다.
· 잘못된 책은 바꿔 드립니다.

ISBN 978-89-5668-845-9 13730　　　　정가 14,000원 (MP3파일 포함)